ART ET HISTOIRE
SICILE

BONECHI

© Copyright by CASA EDITRICE BONECHI
Via Cairoli 18b - 50131 Firenze, Italia Tel. +39 055576841 - Fax +39 0555000766 - E-mail: bonechi@bonechi.it - Internet: www.bonechi.it

Projet et conception éditoriale: Casa Editrice Bonechi
Direction éditoriale: Serena de Leonardis. *Projet graphique:* Marco Bonechi
Réalisation graphique: Serena de Leonardis. *Mise en pages:* Vanni Berti. *Recherches iconographiques:* Marco Bonechi, Fiorella Cipolletta, Federica Balloni. *Rédaction:* Anna Baldini, Rose-Marie Olivier. *Couverture:* Laura Settesoldi. *Cartographie:* Studio Grafico Bellandi e Mariani *(p. 144);* Alessandra Martini *(intérieur de la couverture). Dessins:* Stefano Benini
Textes de Giuliano Valdes (Editing Studio, Pise) et de la *Rédaction de* Casa Editrice Bonechi. *Page 80:* Michele Cecchi

Imprimé en Italie par Centro Stampa Editoriale Bonechi - Sesto Fiorentino

Les photographies appartiennent aux Archives de Casa Editrice Bonechi *et ont été prises par* Paolo Abbate, Marco Banti, Marco Bonechi, Andrea Fantauzzo, Paolo Giambone, Mario Ingrosso, L'Occhio di Cristallo, Enzo Loverso, M.S.A., Piersilvio Ongaro, Andrea Pistolesi, Giuliano Valsecchi. *D'autres photos ont été fournies par:*
Atlantide (Massimo Borchi): *pages 51 en haut, 52, 59 en haut, 60;* Atlantide (Guido Cozzi): *pages 50, 51 en bas 54, 55, 61 en bas à droite, 82, 89 en haut, 93 en haut, 98 en bas, 99, 102, 103, 111 en haut, 112, 113,172;* Michele Castobello: *pages 106, 107 en bas;* Gianni Dagli Orti: *pages 4 en bas, 6 en bas, 30 en bas à gauche, 21 en bas à droite, 39 en haut, 49 en haut, 117, 126 /135;* Patrizio del Duca: *pages 56, 57;* Maurizio Fraschetti: *page 141;* Alfio Garozzo: *page 11 en haut;* I-BUGA: *pages 142 (Aut. SMA n. 850-86), 175 en bas (Aut. SMA n. 371-84);* Andrea Innocenti: *pages 190 à droite, 191;* Andrea Jemolo: *page 108;* M.S.A.: *page 185 en haut;* Photoland-Travelpress: *page 9 en bas;* Sandro Santioli: *pages 186-187;* Giuseppe Spadaro: *pages 3 au centre, 78, 79;* Mario Tornatore: *page 13;* Giuliano Valsecchi: *pages 49 en bas, 53 en bas, 116, 188 en haut, 189 en bas. Pages 3 en bas, 173 en haut, 174 au centre et en bas (Walter Leonardi); page 174 en haut (Arturo Safina): photographies aimablement fournies par* Archivio fotografico Azienda Provinciale per il Turismo di Trapani; *page 11 au centre et en bas à gauche: photographies aimablement fournies par* Archivio fotografico Biblioteca Comunale Giuseppe Schirò, Piana degli Albanesi. ·
L'éditeur s'excuse pour toute ommission involontaire et est disposé à procéder aux intégrations éventuelles à la demande des ayants droit.
Arte e Storia · Sicilia - n° 3 - Pubblicazione Periodica Trimestrale - Autorizzazione del Tribunale di Firenze n° 3873 del 4/8/1989 - Direttore Responsabile: Giovanna Magi

ISBN 978-88-476-0757-6

* * *

INTRODUCTION

LA PREHISTOIRE

Avant de devenir la Trinacria des Grecs, l'île aux "trois promontoires" (tréis ácra en grec) - nom qui lui vient inévitablement de sa forme triangulaire -, la Sicile connut une longue période préhistorique et fut certainement habitée dès le IX-VIIIe millénaire av. J.-C. On a découvert des traces de la culture mésolithique à Pantelleria, où les Sésiotes, venus d'Afrique, ont laissé des marques de leur passage au village de **Mursia**, avec les "sesi", des monuments funéraires en pierre de lave de forme circulaire (dont le **"sese grande"** très bien conservé). Les grottes comme la **Grotta dell'Uzzo**, dans la région de Trapani, les **Grotte dell'Addaura**, près de Palerme, les **Grotte di Cala del Genovese** à Lèvanzo, dans les îles Égades, nous documentent sur cette culture: la sépulture des morts, la vie dans les cavernes, les premières traces d'art figuratif inspiré de l'observation de la nature, des animaux, des scènes de chasse, des danses rituelles. À partir du Ve millénaire av. J.-C. l'agriculture commença à se développer et, avec elle, l'élevage du bétail et le culte le plus ancien de l'humanité: celui de la Grande Mère, dispensatrice de fécondité et de fertilité. Un culte très fervent qui se transmettra sans interruption dans la région d'Erice. Les hommes, qui avaient quitté les grottes, construisirent des villages de cabanes, créant ainsi les premières cellules d'habitat indigène. C'est de cette période que datent les établissements rupestres de **Mégara Hyblaia** et de **Stentinello**, près de Syracuse, où l'on a exhumé des tessons de poteries incisées qui comptent parmi les plus anciens témoignages de la technique céramique.

Au terme de ce laborieux processus d'implantation humaine (XIIIe siècle av. J.-C. env.), sous la poussée de mouvements migratoires, la Sicile vit débarquer sur ses côtes de nouveaux arrivants qui formeront les principales populations indigènes. C'est ainsi qu'au VIIIe siècle l'on retrouve dans l'ouest de l'île une civilisation sicane, probablement d'origine ibérique, et, à l'est, une civilisation sicule, d'origine italique dont le foyer se situe autour de l'Etna. La première nous a laissé, entre autres, le superbe témoignage des nécropoles rupestres de **Caltabellotta**. Pour leur part, les Élymes, dont les origines sont incertaines, s'établirent dans les environs d'Erice et de Ségeste. Quant au groupe italique des Ausones, ils occupèrent les îles Éoliennes. Les cinq mille tombes creusées dans le tuf et les ruines d'une résidence princière sicule découvertes à **Pantalica**, près de Syracuse, sont les témoins de la stabilité atteinte à

cette époque par les cultures indigènes qui avaient tendance à s'installer loin des côtes et à préférer les hauteurs de l'intérieur. Les côtes devaient, elles, attirer les navigateurs. C'est sans doute un paysage humanisé et un territoire maîtrisé par l'homme que découvrirent les premiers colons d'une longue série, les Phéniciens, peuple de navigateurs et de commerçants aguerris qui exportaient en Occident leurs précieuses marchandises (produits manufacturés et bois) en échange de matières premières. Ils arrivèrent sur les côtes de la Sicile occidentale à compter du Xe siècle av. J.-C. et y fondèrent des villes comme **Palerme**, **Mozia** et **Solunto**. Puis ce fut le tour des Grecs qui, arrivés dans l'île à compter du VIIIe siècle av. J.-C., s'y établirent à plusieurs reprises dans la partie est. Dès lors, plus qu'aucune autre, la Sicile vit son destin se lier à la mer. Une mer splendide, sillonnée de routes maritimes entre l'Occident et le monde gréco-oriental, qui fit de la plus grande île de la Méditerranée un carrefour entre le nord et le sud de ce vaste bassin naturel qui ne cessait de s'affirmer pour la richesse de ses cultures et de ses échanges commerciaux. Ceci devait marquer le paysage de la Sicile qui, tout en cultivant sa civilisation insulaire, recueillit l'héritage de différentes cultures, au gré d'une histoire complexe qu'elle partagea largement avec la péninsule italienne. Le fait d'avoir été tour à tour phénicienne, grecque, romaine, arabe, normande, souabe et espagnole, et d'avoir assimilé (non seulement additionné) toutes ces expériences a permis à la culture sicilienne de se développer comme par riposte et de se forger une forte identité qui lui donne toute son originalité et son extraordinaire intensité.

Au point de faire dire à Goethe, illustre voyageur qui découvrit la Sicile au XVIIIe siècle: "L'Italie sans la Sicile, ne fait point tableau dans l'âme: là seulement se trouve la clef de tout le reste".

LA DOMINATION GRECQUE

Les Grecs appelèrent l'île Trinacria, un nom qui aujourd'hui évoque tout le monde grec: le soleil, la lumière, la douceur du climat associées à la composante classique, aristocratique, d'une culture qui compte parmi ses fondateurs les inventeurs de la cité-état (la polis) et les innombrables artistes, architectes, ingénieurs, artisans dont les œuvres sont présentes à la mémoire de chacun de nous. La domination grecque inaugura pour la Sicile une longue période d'expression artistique de très haut niveau,

Page précédente:
les falaises de l'île d'Ustica qui, comme les îles Eoliennes et l'île de Pantelleria, est d'origine volcanique; l'Etna, le volcan qui, à l'heure actuelle, est le plus actif d'Europe et aux abords duquel l'homme s'est installé dès l'Antiquité; masque phénicien découvert à Mozia.

Ci-dessus: le théâtre grec de Ségeste, le temple E de Sélinonte et un détail des mosaïques romaines de la Villa del Casale à Piazza Armerina.

de celles qui donnent leur noblesse aux paysages d'une beauté sauvage. Nous en avons les superbes exemples avec le **Temple** et le **Théâtre de Ségeste**, les **Temples d'Agrigente** et **de Sélinonte**, le **Temple d'Apollon** et le **Théâtre de Syracuse** ou le **Théâtre de Taormine**: autant d'objets à la limite de la métaphysique, merveilleusement campés dans de splendides cadres naturels. En Italie, la colonisation grecque (VIII-IIIe siècle av. J.-C.) toucha d'abord la côte tyrrhénienne et la côte ionienne et donna naissance, en Italie méridionale, au vaste territoire connu sous le nom de **Grande-Grèce**, auquel s'ajoutèrent ensuite les colonies de l'est de la Sicile. C'est ainsi que naquirent Naxos, Léontinoi, Catane, Syracuse, Mégara Hyblaia, Géla, Messine, Milazzo

et Tauroménion (Taormine). Les premières colonies furent à ce point prospères qu'elles essaimèrent et fondèrent à leur tour de nouvelles cités: c'est ainsi que Sélinunte fut créée par Mégara Hyblaia et Agrigente par Géla (582 av. J.-C.).

Au cours du Ve siècle av. J.-C. toutes les colonies grecques étaient sous la suprématie de Syracuse, ville phare de l'histoire de la Sicile. Celle-ci avait grandi au point de devenir une pentapole (c'est-à-dire qu'elle comptait cinq cellules urbaines) et s'était affirmée, contre Carthage, comme un des pôles émergents de tout le bassin méditerranéen; au point de soustraire la Sicile à l'hégémonie athénienne (une opposition dont Athènes sortira finalement vaincue). Le conflit qui opposa Carthage et Syracuse pour la suprématie de l'île s'inscrivit dans le cadre compliqué des guerres puniques qui opposèrent Carthaginois et Romains: il se soldera, à la fin de la deuxième guerre punique, par le siège de la ville (en 212 av. J.-C.). La Sicile devint alors la première province romaine. Témoin des luttes engagées par Syracuse contre Carthage, le **Château Euryale** (402-397 av. J.-C.) est un superbe exemple d'art militaire grec.

Au Ve siècle, la civilisation de la Grande-Grèce s'affirme pleinement et la production artistique atteint toute sa splendeur. On assiste à une hellénisation progressive des établissements urbains et de toutes les formes de l'art. Du point de vue de leur structure, les nouvelles villes adoptent les canons urbanistiques de la polis grecque; comme en témoigne, par exemple, le quadrillage de l'acropole de Sélinunte protégée par une enceinte fortifiée. Les établissements indigènes subissent le même type de transformation et, dans les nouvelles habitations, on voit les fondations rectangulaires se substituer aux bases circulaires des cabanes. On a découvert des tessons de céramiques gréco-orientales aussi bien dans les nécropoles grecques que dans les nécropoles indigènes. À Syracuse, l'**Apollonion** (début du VIe siècle av. J.-C.) témoigne du passage, dans la construction des sanctuaires et des temples, de l'emploi du bois et de la brique crue à celui de la pierre. Parmi les plus anciens édifices sacrés en pierre figure le **Sanctuaire de Déméter Malophoros** (VII-VIe siècle av. J.-C.) à Sélinunte. Plus tard, dans la construction des temples on voit nettement s'affirmer le style dorique, le plus ancien, aux colonnes galbées coiffées de chapiteaux rectangulaires. Ils sont décorés de sculptures, en pierre et en marbre, qui s'inspirent de la mythologie grecque.

Presque tous les **théâtres** antiques de Sicile ont été construits par les Grecs. Ils s'inscrivent toujours dans des paysages naturels spectaculaires ou face à la mer

LA DOMINATION ROMAINE

La domination romaine de la nouvelle province fut synonyme d'exploitation pure et simple. L'expansionnisme romain, qui s'affirma très rapidement à partir du IIIe siècle av. J.-C. dans la péninsule italique et dans la péninsule ibérique, sur les côtes africaines et sur le front gréco-oriental, entraîna également la Sicile dans un processus qui, à l'aube de l'ère chrétienne, amena à la chute de la République et à l'avènement de l'Empire. L'étendue du territoire de l'Empire romain, dont le contrôle nécessitait une armée puissante, porta en Sicile au démantèlement de l'ancienne organisation agricole et à l'apparition - par le biais de confiscations massives des terres - des grand domaines appelés **latifundia**, une forme d'exploitation adaptée aux cultures extensives ne demandant que peu de soins et pour laquelle il suffisait de faire travailler les esclaves venus d'Asie ou d'Afrique. Ce système restera longtemps en vigueur et deviendra le symbole d'un archaïsme auquel la Sicile sera liée à plusieurs reprises des siècles durant. La nouvelle province devint dès lors le "grenier de Rome" et ses villes payèrent tribut à la capitale de l'Empire. C'est dans ce contexte de malaise social que se situe le scandale de Verrès, propréteur de la Sicile de 73 à 70 av. J.-C. Accusé de malversations à l'égard de la population, il passera à l'histoire grâce aux "Verrines", un plaidoyer virulent écrit par Cicéron pour dénoncer le gouverneur et la corruption de la vie publique à cette époque.

Après la conquête romaine, l'art ne changea guère en Sicile et continua de suivre la voie tracée par les Grecs. Mais le principe porteur devint l'utilitas: les bâtiments changèrent de fonction et les réfections furent monnaie courante. On transforma les théâtres grecs pour les adapter aux besoins des spectacles romains alors en vogue. C'est le cas du **Théâtre de Catane** et du **Théâtre Grec de Taormine** - le deuxième en taille après celui de Syracuse - qui, suite aux modifications du IIe siècle av. J.-C., gagna en capacité et en grandeur. Parmi les témoins de l'architecture romaine figurent en première place l'**Amphithéâtre de Catane** et celui **de Syracuse**.

La marque de l'influence romaine est surtout visible dans le bâtiment privé dont l'essor s'annonce dès l'époque hellénistique avec la construction des luxueuses demeures de Morgantina dont il reste des traces appréciables. Témoins de cette nouvelle tendance - auquel contribua entre autres le repeuplement des campagnes vidées par les dernières guerres puniques - la **Villa romaine de San Biagio** (Ier siècle av. J.-C.) à Castroreale et le **quartier héllénique-romain d'Agrigente** (construit entre le IVe siècle av. J.-C. et le Ve siècle apr. J.-C.). Manifestation tangible de l'affirmation du latifundium, la **Villa del Casale** (IIIe siècle apr. J.-C.) de Piazza Armerina est probablement, par sa richesse, l'expression artistique la plus importante de l'Empire finissant en Sicile. Le vaste cycle de ses superbes sols couverts de mosaïques est un spectacle en soit et traduit bien l'esprit de cette phase de la civilisation latine. La splendeur de la décoration, le choix de sujets réalistes et naturels qui animent les mosaïques (la chasse, les jeux du cirque), les scènes mythologiques merveilleusement réalisées dans des jeux de couleurs vives, témoignent du niveau atteint par l'art de la mosaïque romaine que distinguent un goût pour le quotidien, un réalisme et une atmosphère très éloignés du climat mystique et sacré qui émane des pierres des temples grecs. De même, la sculpture (amplement documentée dans les musées de l'île), tout en accueillant les canons esthétiques du classicisme grec, délaisse les sujets sacrés au profit des motifs inspirés de la vie de tous les jours et préfère aux représentations des dieux celles des hommes illustres, des empereurs, des chefs militaires.

De nombreux musées de l'île possèdent leur collection archéologique et, grâce à l'intensification des campagnes de fouilles encouragées à partir de 1950, de nouveaux espaces d'exposition ont été créés. Parmi ceux-ci, signalons la nouvelle section (aménagée en 1988) du plus grand musée de Sicile - et le plus important dans son genre en Europe pour l'ampleur et la richesse de sa documentation -: le **Musée Archéologique Régional de Syracuse** (9.000 mètres carrés d'exposition et près de 20.000 pièces conservées). Le **Musée Archéologique de Palerme** abrite les métopes des temples de Sélinunte - parmi les plus anciens exemples de décoration en pierre - et des terres cuites provenant de différents endroits de la Sicile et de la Grande-Grèce. Considéré comme l'un des musées les plus importants de Sicile, le **Musée Archéologique Régional d'Agrigente** conserve, entre autres, une statue d'**Éphèbe** en marbre (Ve siècle av. J.-C.) provenant de Grèce, une **Tête de Perséphone**, une **Tête d'Athéna** et un **Télamon** (de 7,75 m de haut) du Temple de Jupiter Olympien. Le **Musée Archéologique Éolien de Lipari** réunit, entre autres, le matériel découvert dans l'acropole de Lipari où les fouilles, entamées en 1950, ont livré des vestiges dont la disposition stratigraphique parfaite a permis de localiser, dans le temple, les différentes traces des civilisations qui se sont succédées dans les îles, du Néolithique jusqu'à l'époque historique.

LE "MOYEN AGE D'OR": DE LA DOMINATION ARABE AU REGNE DE FREDERIC II DE SOUABE

Avec la fin de l'Empire Romain d'Occident (en 476) on vit s'affirmer une nouvelle réalité: la civilisation arabe - qui jouera un rôle déterminant dans le contexte sicilien - contre laquelle se réorganisera l'Occident chrétien des Croisades médiévales. En Sicile, la chute de l'Empire ouvrit la porte aux envahisseurs barbares: les Vandales d'abord (en 468) puis les Ostrogoths (en 491). L'île fut ensuite annexée à l'Empire Romain d'Orient sous Justinien (en 535). Suivront trois siècles de domination byzantine au cours desquels se renforcera la tradition religieuse de l'île qui avait été christianisée dès le IVe siècle: par son édit de 313, Constantin avait accordé aux chrétiens la liberté de culte sur tout le territoire de l'Empire. C'est ainsi que sur les fondations des temples on se mit à élever des cathédrales - comme la **Cathédrale de Syracuse**, construite sur le Temple d'Athéna dans l'île d'Ortigia - et qu'à côté des nombreux **monastères** catholiques voulus par le pape Grégoire le Grand (590-604), on vit se créer des établissements religieux orientaux, véritables lieux d'études érudites préposés à la transmission de la langue et de la tradition grecque classique, dont la contribution sera significative pour le patrimoine culturel sicilien.

L'héritage de la culture arabe ne se limite pas à une série œuvres architecturales

Godefroi de Bouillon, chef de la première croisade, y gagna le titre de "Défenseur du Saint Sépulcre".

cultures comme la mandarine, l'orange, la pistache (frastuca), le citron (lumia). La cuisine sicilienne a d'ailleurs conservé de nombreux plats d'origine arabe et de nombreux mots des dialectes siciliens liés à la terre sont d'origine arabe.

La paix sociale et religieuse et l'essor d'une économie retrouvée donnèrent leurs fruits sous la dynastie des Kalbites de Palerme (948-1040), époque à laquelle la Sicile arabe connut sa plus grande période de splendeur. La ville de **Palerme** (Balarm en arabe) - prise aux Byzantins en 831 et hissée au rang de capitale de l'émirat de Sicile en 948 -, devint très vite une des villes les plus célèbres d'Europe, surtout en raison de son essor commercial fulminant. Sa fonction première d'escale et de comptoir maritime - rôle que les Grecs avait résumé en l'appelant Panórmos ("tout port") - fut décuplée par la gestion arabe: le port fut doté de marchés et de quartiers et devint un pôle stratégique dans le grand réseau commercial tissé par l'Empire islamique.

Le vide laissé par la chute de la dynastie des Kalbites attira les Normands qui envahirent la Sicile. En 1901, le comte Roger de Hauteville mit fin à la reconquête chrétienne de l'île et jeta les bases de la politique normande: affirmation du pouvoir féodal et garantie des libertés civiles et religieuses, suivant en cela la ligne tracée par le gouvernement arabe. Son fils Roger II, roi de Sicile et de Pouille (1113-1154), suivit les traces de son père et porta le royaume au faîte de sa splendeur en faisant de l'expérience arabe un élément stable de la réalité sicilienne et en renforçant la primauté du féodalisme dans l'île.

Malgré la destruction des trois cents mosquées de Palerme en 1072, "en une seule nuit", ordonnée par Roger - condition imposée par l'Église en échange de son soutien -, des éléments arabes refirent leur apparition dans l'architecture civile et religieuse latino-chrétienne des nouveaux maîtres de l'île; c'est ce que l'on appelle le **style arabo-normand**. L'artisan de cette fusion originale fut surtout Roger II que l'on voit représenté dans les superbes mosaïques dorées de la Martorana de Palerme en train de se soumettre à la religion chrétienne et couronné des mains mêmes du Christ. Mais, si sous les Normands, les Arabes furent totalement dépossédés de leurs biens - qui passèrent à l'Église, au clergé et à la noblesse féodale -, ils gardèrent l'organisation de la vie sociale, sous tous ses aspects, et assurèrent ainsi une continuité bénéfique: la bureaucratie était arabe, ainsi que les juristes, les poètes, les architectes, les maîtres d'œuvre, les artistes, les voyageurs, les géographes et les philologues qui travaillèrent auprès de la cour normande puis de la cour souabe.

tangibles - qui furent systématiquement détruites au cours des campagnes chrétiennes - mais persiste encore dans les traces qu'elle a laissées un peu partout dans la toponymie, dans les expressions dialectales, dans le tissu des anciens quartiers, dans l'artisanat et dans le goût de la décoration qui caractérise tous les arts majeurs et mineurs de Sicile. La **Mosquée** adjacente à l'église San Giovanni degli Eremiti et le **Palais des Émirs** à Palerme figurent parmi les rares bâtiments d'origine arabe qui ont survécu aux destructions.

Débarqués en Sicile (à Mazara) en 827, les Arabes gouvernèrent l'île pendant près de deux siècles. Si, pour la conquérir, les "infidèles" - contre lesquels fut organisée la Guerre Sainte - se livrèrent à des razzias féroces et à des atrocités qui sont passées à l'histoire, ils la gouvernèrent à l'enseigne de la tolérance, tant du point de vue religieux que culturel. L'Islam, qui se caractérise par l'absence d'une autorité religieuse centrale, amena en Sicile l'ouverture cosmopolite qui le distinguait, un élément de modernité jusque-là inconnu des peuples d'Occident. L'interprète le plus original de cet enseignement devait être Frédéric II de Souabe qui, en plein Moyen Âge, régna avec une politique "éclairée" que les nations européennes ne connaîtront que plusieurs siècles plus tard.

La modernité distinguait également le bagage scientifique des Arabes qui apportèrent maintes innovations dans les mathématiques, l'astronomie, l'optique, l'acoustique, la médecine. En agriculture, l'introduction de nouvelles techniques d'irrigation permit de faire renaître une branche de l'économie paupérisée par les latifundia: les grands domaines fonciers furent complètement réorganisés et divisés en parcelles. Les Arabes introduisirent également de nouvelles

Témoins splendides du travail des artisans arabes, et gréco-byzantins, les églises et les basiliques furent construites au-dessus des mosquées qui avaient été rasées. À Palerme, nous avons un bel exemple d'architecture arabe d'époque normande dans l'église **San Giovanni degli Eremiti** dont

En haut, scène ornant une charrette sicilienne traditionnelle: le combat entre un paladin et un "infidèle"; ci-contre, Roger II couronné par le Christ, mosaïque de l'église Santa Maria dell'Ammiraglio, dite Martorana, à Palerme.

les modules cubiques sont coiffés de petites coupoles rouges: c'est là un exemple parfait de la technique musulmane dite de la Qubba très utilisée en Sicile. Par contre, l'éclectisme de la **Cathédrale** et de l'église de la **Martorana**, fondée par les Normands, dénote la succession des styles dans l'architecture palermitaine. À la Martorana, qui fut le théâtre de la révolte séparatiste des Vêpres Siciliennes (1282), les fonctions religieuses se font encore suivant le rite gréco-byzantin. On retrouve le style arabe aux structures géométriques dessinées par des arcades aveugles en ogive dans le **Castello della Zisa**, le **Palazzo della Cuba** et le **Palazzo dei Normanni**, le palais royal des Normands dont la "Salle de Roger" est ornée de mosaïques lumineuses décrivant des arabesques aux motifs zoomorphes et phytomorphes. La **Chapelle Palatine**, adjacente, est avec les grandes **cathédrales de Cefalù** et de **Monreale**, un joyau éblouissant aux nombreux éléments décoratifs d'inspiration arabe et compte parmi les exemples les plus précieux de l'art de la mosaïque de l'école byzantine en Sicile.

Au XIIIe siècle, Palerme devint la résidence de Frédéric II de Souabe, descendant de Frédéric Barberousse et fils de Constance de Hauteville dernière héritière normande, qui fut roi de Sicile de 1198 à 1250 et empereur du Saint Empire Romain Germanique. Pendant son règne, il recueillit et valorisa l'héritage culturel de ses prédécesseurs. Éduqué dans l'esprit cosmopolite et éclairé de la cour normande, cultivé, moderne, Frédéric laissa dans les lettres et les arts la marque d'un style fait à son image: laïque et ouvert sur l'Europe. La culture exprimée par la cour souabe - forte mais respectueuse du riche patrimoine dont elle héritait - évoluait désormais dans une dimension qui dépassait les limites du Royaume de Sicile; et, parmi les premières formes littéraires en italien vulgaire, on trouve le sicilien de cour de l'école sicilienne (avec Iacopo da Lentini, Pier delle Vigne et Frédéric II lui-même).

Frédéric fonda un État très organisé et centralisé (Constitutions de Melfi, 1231), indépendant de l'Église et des particularismes féodaux qu'il combattit avec ténacité. Nous avons un exemple de la façon dont l'empereur régnait en maître absolu dans la manière dont il imposa son autorité dans le domaine vital de l'architecture militaire. Sous son règne, un grand nombre de **châteaux** furent érigés dans l'île et sur la terre ferme: leur édification était régie par une loi fixant que toute construction de nouvelles fortifications était du ressort du roi, de même que la réfection des anciennes. Le style des innombrables forteresses allie la sévérité propre à l'architecture fortifiée gothique d'inspiration européenne et des éléments de goût oriental. Parmi les exemples de cette architecture, citons le **Castello Ursino** à Catane, le **Castel Maniace** à Syracuse, le **Castello di Lombardia** et la **Torre di Federico** à Enna, et le **château de Milazzo**.

LA DOMINATION ESPAGNOLE ET LE "BAROQUE SICILIEN"

À l'époque moderne, la Sicile perd sa position clef de carrefour entre le monde occidental et le monde oriental, entre l'Afrique et l'Europe, pour être reléguée au simple rôle de satellite éloigné de la grande constellation que forment les États européens.

La mort de Frédéric de Souabe ouvre pour le Royaume de Sicile une longue période de crise au cours de laquelle on voit se réveiller les ambitions des barons féodaux et le gouvernement quitter la Sicile pour s'installer sur le continent. Sous les Angevins, le transfert de

la capitale à Naples provoque le soulèvement séparatiste des Vêpres Siciliennes (1282). Après maintes vicissitudes, la Sicile finira par faire partie des possessions de la couronne d'Aragon puis d'Espagne dont elle deviendra un vice-royaume (en 1415) jusqu'à ce qu'elle passe aux Savoie par le Traité d'Utrecht, en 1713. La période de paix religieuse prend fin avec l'Inquisition espagnole. Le gothique introduit en Sicile par Frédéric de Souabe s'appliqua dès le départ à l'architecture civile et devint, plus tard, le style dominant des demeures des puissants seigneurs féodaux qui ne cessèrent de s'enrichir sous les Espagnols. Parmi ceux-ci, les Chiaramonte, famille puissante de la région d'Agrigente, qui donnera son nom au style typique des bâtiments dont ils étaient les commanditaires: le "gothique-chiaramontain" (XIVe siècle). Parmi les nombreux témoignages de ce style, rappelons le célèbre **château de Mussomeli** logé comme dans un écrin au sommet d'une falaise et, à Palerme, le beau palais du **Steri** où siégea le Tribunal de

En haut, détail de l'édifice normand de la Cuba à Palerme.

Ci-contre, Frédéric II de Souabe dans une miniature du Moyen Age.

Le Triomphe de la Mort, fresque du XVe siècle conservée à la Galerie Régionale de la Sicile de Palerme, et un détail de celle-ci.

Les coupoles vermeilles d'inspiration orientale de San Giovanni degli Eremiti (XIIe s.) et la coupole de San Giuseppe dei Teatini (XVII-XVIIIe s.), à Palerme.

l'Inquisition. La domination aragonaise amena avec elle un style qui fut adapté dans une version toute sicilienne: le "gothique-catalan", appréciable dans certains éléments de l'architecture, comme l'église **Santa Maria della Catena**, le **Palazzo Abatellis**, le palais de l'**Archevêché** à Palerme; ou la **Badia Vecchia** et le **Palazzo di Corvaja** à Taormine, où les formes gothiques se confondent avec les éléments arabes plus anciens.

Les expressions de l'art du XVe et du XVIe siècle s'inscrivent dans un contexte culturel plus continental que simplement hispano-catalan. L'épisode artistique le plus important est l'œuvre d'**Antonello da Messina** (1430-1479), peintre de formation européenne qui sut marier de façon très originale l'expérience flamande et celle du Quattrocento italien. Dans le domaine de la sculpture, on voit se distinguer pour leur maîtrise les Gagini, une famille d'artistes actifs en Italie, qui ont exercé dans toute l'île. Parmi les autres artistes, citons Francesco Laurana, auteur du célèbre Buste d'Éléonore d'Aragon (1471) conservé à la Galerie Régionale de la Sicile, à Palerme. Cas particulier, la **Fontaine de Piazza Pretoria** (XVIe siècle) à Palerme fut conçue et réalisée en Toscane par le florentin Francesco Camilliani puis transportée en Sicile par le fils du sculpteur qui la vendit à la ville.

À partir du XVe siècle, en ce qui concerne l'urbanisme, l'intervention espagnole fut concentrée sur des ouvrages de renforcement des structures publiques et d'agrandissement

des villes, particulièrement de Palerme et de Messine. Le tissu serré des ruelles médiévales céda le pas à une organisation rationnelle de rues larges, rectilignes et à angle droit, sur le modèle de la Renaissance qui s'était affirmé à travers l'Europe; dernière étape de ce nouvel aménagement urbain, la place devint dépositaire du nouveau visage de la ville baroque. La place "aux quatre coins", **Quattro Canti**, de Palerme en est l'exemple le plus connu. Dans le même temps, le bâtiment privé connaissait un nouvel élan avec la forte reprise du pouvoir nobiliaire et sous l'effet de nouvelles lois favorables. La politique espagnole de renouvellement menée au XVIIe siècle encouragea, avec parfois des résultats considérables au plan artistique, la fondation de nouveaux villages paysans; ce, tant pour repeupler les campagnes que pour renforcer en conséquence les rentes nobiliaires. Organisés autour de deux repères "nobles", une église et un palais baronnial, ces nombreux villages sont de beaux exemples de l'architecture sicilienne au XVIIIe siècle.

Mais c'est surtout dans la ville qu'on voit se définir, au cours du XVIIe siècle, les formes typiques du **baroque sicilien**. Les grands travaux de reconstruction entrepris après le tremblement de terre dévastateur de 1693 contribuèrent à fixer l'élément baroque dans le paysage de l'île, surtout grâce à l'architecte Vaccarini. Les traits caractéristiques de ce style - le goût marqué pour les structures élaborées et "spectaculaires", les formes rondes, la décoration hardie, et parfois grotesque, confiée à toute une gamme de matériaux (peinture, stuc, or, argent, pierre, marbre, bois, fer) - après élaboration par la bouillonnante inventivité sicilienne, nous livrent une réalité magique, frôlant le surréel, filiation fantasque de cette culture de l'apparence propre au XVIIe siècle qui se reconnaissait parfaitement dans le faste hispanique du vice-royaume.

Les maîtres d'œuvre appelés pour la décoration jouèrent un rôle important dans la définition du baroque sicilien, à une époque où l'on vit s'affiner le professionnalisme des tailleurs et des graveurs de pierre. Parmi les innombrables témoins de ces arts de l'ornement, citons les solutions rococo fantasmagoriques et raffinées du **Palazzo Biscari** à Catane, les stucs délicats réalisés par Giacomo Serpotta pour l'**Oratorio di Santa Cita** à Palerme, les détails ornementaux des **villas de Bagheria**, les figures étranges des consoles du **Palazzo Nicolaci Villadorata** à Noto. Entièrement reconstruites après le tremblement de terre de 1693, Catane et Noto sont de véritables joyaux de l'architecture baroque.

Durant l'Inquisition espagnole on assista à une prolifération de nouveaux édifices religieux qui, bien que respectueux des formes sévères des innombrables églises romanes construites dans le style de la Contre-Réforme, prirent eux aussi des "variantes siciliennes", comme en témoigne le parement en majolique de la coupole de **S. Giuseppe dei Teatini** à Palerme. Côté structures, les variantes apparaissent dans les façades scandées en élévation et coiffées d'un clocher (par exemple, l'église **S. Matteo** à Palerme et les deux splendides églises consacrées à saint Georges, **S. Giorgio**, à Modica et à Raguse, précédées d'un escalier monumental et dessinées par Rosario Gagliardi) et dans les façades flanquées de deux clochers (comme la **Chiesa Madre di Palma di Montechiaro** et **S. Ignazio all'Olivella** de Palerme).

Enfin, entre le XVIe et XIXe siècle, on assiste à la construction de nombreuses tours de guet: des structures fortifiées dont les Espagnols et leurs successeurs jalonneront les côtes les plus exposées aux incursions des pirates barbares. Dans la peinture, il faut signaler la présence du **Caravage** qui, pendant son séjour en Sicile, peignit les derniers tableaux de sa vie: la Résurrection de Lazare et l'Adoration des Bergers (au Musée Régional de Messine), tous deux de 1609, et l'Enterrement de Sainte Lucie (1608), conservé en l'église Santa Lucia de Syracuse. Quant à la superbe Madonna del Rosario (1628) à l'autel de l'Oratorio del Rosario di San Domenico de Palerme, elle est signée du peintre flamand **Antonie Van Dyck**.

ENTRE LE XIXe ET LE XXe SIECLE

Après le gouvernement des Savoie la Sicile passa successivement aux mains des Autrichiens (1722) et des Bourbons (1734). En 1860, la campagne de Garibaldi contre les forces bourboniennes se solda par l'annexion de l'île au Piémont puis au Royaume d'Italie (1861). N'ayant pas résolu ses problèmes de retard économique dus à son administration par des gouvernements centralisés extra-territoriaux, la Sicile vit empirer l'ancienne plaie des latifundia et naître deux nouveaux problèmes: celui de l'émigration, qui s'accentua au début du XIXe siècle, et celui du brigandage. L'avènement du Fascisme ne permit pas de résoudre les problèmes hérités des gouvernement précédents. Depuis 1946, la Sicile jouit d'un Statut Spécial mais a encore beaucoup à faire pour remédier au malaise social sur lequel prospère le phénomène mafieux.

Au XIXe siècle, l'architecture sicilienne a été influencée par le Néoréalisme qui a laissé des marques considérables à **Palerme**. Signalons, par exemple, le **Jardin Botanique** et le **Théâtre Massimo** - un des plus grands d'Europe -, les somptueuses villas nobles et bourgeoises, et les "chinoiseries" traduites en style néoclassique, sur l'exemple de la **Palazzina Cinese** (1799) bâtie pour le roi des Deux-Siciles d'après des plans de Venanzio Marvuglia. L'Art Nouveau s'est affirmé au début du XXe siècle à travers de superbes exemples à Palerme, comme la **Villa Igiea** et le **Villino Florio**, considéré comme le chef-d'œuvre de l'architecte Ernesto Basile.

Détail d'un palais baroque de Noto.

Garibaldi à Marsala, dans un tableau conservé au Musée du Risorgimento de Turin.

MANIFESTATIONS TRADITIONNELLES ET FOLKLORE

C'est la tradition religieuse qui est la base de la plupart des fêtes populaires siciliennes. L'époque de l'année la plus chargée en manifestations traditionnelles, un peu partout dans l'île, est la **Semaine Sainte**; *une fête, qui à Caltanissetta, est célébrée avec des rites et des cérémonies pittoresques datant du XVIIIe siècle. Autres occasions: les fêtes des saints patrons et les différentes solennités religieuses. Dans ces manifestations, ce qui saute aux yeux des observateurs c'est le mélange intime du sacré et du profane, un jeu de "contrastes" qui* caractérise la mosaïque d'héritages culturels dont est composée la culture sicilienne. Le sentiment religieux s'exprime dans des reconstructions spectaculaires animées d'un grand sens fort de l'esthétique et inspirées de l'histoire des saints qui, sous l'effet des influences mêlées, se confond avec l'épopée des dominateurs successifs de l'île. Il s'agit souvent de rituels anciens qui ont survécu au temps et sont arrivés jusqu'à nous sans avoir été "revisités": demeurés inchangés depuis des siècles et des siècles, ils nous mettent en contact direct avec les racines les plus profondes de la tradition de l'île.

Parmi les manifestations les plus importantes, rappelons le **Fistinu di Santa Rosalia** qui se déroule à Palerme du 9 au 15 juillet. Cette fête, qui célèbre un personnage légendaire - sainte Rosalie, fille d'un noble arrivé en Sicile à la suite de Roger II, morte en ermite dans une grotte sur le Monte Pellegrino -, se tient chaque année à la même époque en souvenir des journées de 1624 quand, frappée par une épidémie de peste, la ville fut miraculeusement sauvée après que l'on ait porté en procession les ossements de la sainte.

À Caltanissetta, les **défilés du Mercredi** et **du Jeudi Saint** sont un rendez-vous religieux des plus fervents - très souvent, les participants suivent la procession pieds nus, comme le veut la tradition - peut-être parce que, pour les Siciliens, la Passion du Christ à des échos particuliers. Ces représentations sacrées, chargées de symboles et d'émotion sont un hommage aux anciennes corporations des arts et métiers (meuniers, menuisiers, marbriers, typographes, "cueilleurs d'herbes sauvages", etc.) qui sont les "vedettes" de la mise en scène. Parmi les principales célébrations religieuses, citons également la fête de saint Sébastien, **San Sebastiano**, à Acireale, et celle qui célèbre sainte Agathe, **Santa Agata**, patronne de Catane (les 3, 4, 5 février); et puis, la **"Luminaria" de Caltagirone** qui brille de mille feux à la saint Jacques (le 25 juillet, date anniversaire de la conquête de la ville par les Normands), la **Procession de Santa Lucia** à Syracuse (le premier dimanche de mai et le 13 décembre) à laquelle, en décembre, est conviée une "Lucie de Suède", une jeune suédoise choisie pour ce rôle dans son pays d'origine. Il y a encore la **Diavolata e Angelicata**, drame religieux des Démons et des

Anges remontant au XVIIIe siècle, joué le dimanche de Pâques à Adrano; la **Fête de Sainte Croix** à Casteltermini (la dernière semaine de mai) durant laquelle se déroule la **Sagra del Taratatà**, un festival de danses d'origine arabe au rythme du tambour; la **Procession des Mystères** à Trapani (les Vendredi et Samedi Saints) au cours de laquelle on porte de superbes groupes de statues en bois et en carton pâte datant des XVII-XVIIIe siècles; et la fête de la saint Georges, **San Giorgio**, à Raguse Ibla (le dernier dimanche de mai).

Pour sa part, la petite ville de **Piana degli Albanesi** possède des rituels bien à elle. Fondée au XVe siècle par des réfugiés albanais qui fuyaient l'invasion de la péninsule balkanique par les Turcs, elle est habitée depuis cinq siècles par une communauté qui a su conserver son identité culturelle et linguistique. L'église catholique et chrétienne de la ville a conservé le rite gréco-byzantin dont les cérémonies sont empreintes d'une profonde solennité et où chaque aspect - le chant des psaumes, la gestuelle, la musique - est riche de sens. Les plus grandes fêtes religieuses y sont l'Épiphanie, le Dimanche des Rameaux et la Semaine Sainte. À **Pâques** (Pashkët) - fête annoncée par le chant répété de l'hymne de la Résurrection et célébrée dans la liturgie de saint Jean Chrysostome -, après l'émouvante cérémonie à l'église, un cortège de femmes en riches costumes de fête se rend sur la grand-place où sont distribués les œufs traditionnels de Pâques, des œufs rouges qui ont été bénis.

Parmi les grandes évocations historiques, signalons en particulier le **Palio dei Normanni** à Piazza Armerina (13 et 14 août), jeux en l'honneur du noble et glorieux Roger de Hauteville, dont les trois épreuves à cheval voient se mesurer les quatre quartiers de la ville. La fête de l'**Amandier en Fleurs** d'Agrigente est une ancienne fête champêtre sicilienne qui célèbre la fin de l'hiver; en effet, ici, le printemps s'annonce très tôt - dès février - en faisant fleurir les amandiers dans la millénaire Vallée des Temples. Pendant cette fête se déroule également le Festival du Folklore International auquel participent des groupes folkloriques du monde entier réunis autour du Temple de la Concorde au nom de la paix et de la fraternité. Cette manifestation a été à l'origine de diverses initiatives telle l'institution d'un Musée de l'Amandier et d'une exposition de la culture paysanne. Parmi les autres fêtes de la terre et des saisons, à signaler: l'**Infiorata** de Noto dont les habitants saluent le printemps en composant un magnifique tapis de fleurs qui recouvre les marches de la "Salita Nicolaci" et, en août, la **Sagra della Spiga** de Gangi, fête des épis de blé

qui se termine par une procession en l'honneur de Cérès, la déesse romaine des moissons. Presque toutes ces manifestations traditionnelles comprennent des défilés de chars mais, dans ce genre, les plus célèbres sont la **Sfilata dei Giganti** de Messine (les 13, 14 et 15 août), défilé consacré aux géants Mata et Griffon, fondateurs légendaires de la ville, et le fastueux **Carnaval** d'Acireale.

Sainte Rosalie, patronne de Palerme, et saint Georges, fêté à Raguse au mois de mai.

LE THEATRE DE MARIONNETTES (*PUPI*)

*La tradition orale, à mi-chemin entre la légende et la réalité, qui fut transmise par les conteurs et les décorateurs de charrettes fut "mise en scène" par le théâtre de marionnettes appelé **Teatro dell'Opera dei Pupi**, une forme de représentations populaires très en vogue au milieu du XIXe siècle dans l'île. Aujourd'hui, à Palerme, cette forme de théâtre traditionnel est encore très vivace grâce, entre autres, au travail des descendants des célèbres familles de gens du spectacle. Les thèmes abordés puisaient essentiellement dans les épisodes des Chansons de Geste franco-normandes, souvent simplifiées, tout en se mêlant aux histoires des grands bandits et des saints, ou encore à des événements historiques célèbres. Il en résultait un théâtre dans lequel tout le peuple - mais aussi la bourgeoisie, qui était friande de ces représentations - pouvait voir satisfaire son désir de justice et exprimer ses propres sentiments. Au cœur de l'action: la lutte entre le Bien et le Mal qui, le plus souvent, étaient personnifiés par un chevalier (pupo-cavaliere) et un sarrasin (pupo-arabo) qui se battaient en duel.*

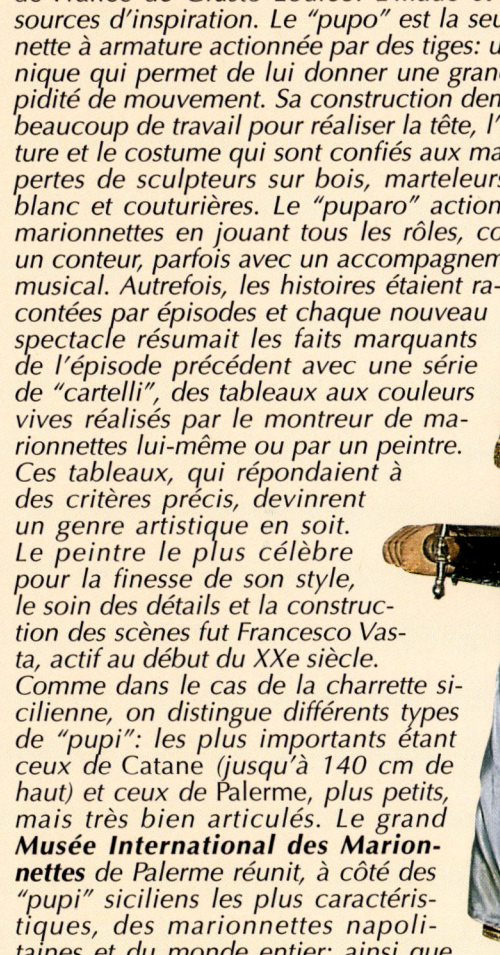

*L'histoire se terminait invariablement par la victoire du noble chevalier au grand cœur et le rideau se baissait dans l'allégresse générale après une courte farce populaire. Parmi les textes les plus relatés par les conteurs et les montreurs de marionnettes (les "pupari") figurait L'histoire des paladins de France de Giusto Lodico. L'Iliade et la Bible étaient également des sources d'inspiration. Le "pupo" est la seule marionnette à armature actionnée par des tiges: une technique qui permet de lui donner une grande rapidité de mouvement. Sa construction demande beaucoup de travail pour réaliser la tête, l'armature et le costume qui sont confiés aux mains expertes de sculpteurs sur bois, marteleurs de fer blanc et couturières. Le "puparo" actionne ses marionnettes en jouant tous les rôles, comme un conteur, parfois avec un accompagnement musical. Autrefois, les histoires étaient racontées par épisodes et chaque nouveau spectacle résumait les faits marquants de l'épisode précédent avec une série de "cartelli", des tableaux aux couleurs vives réalisés par le montreur de marionnettes lui-même ou par un peintre. Ces tableaux, qui répondaient à des critères précis, devinrent un genre artistique en soit. Le peintre le plus célèbre pour la finesse de son style, le soin des détails et la construction des scènes fut Francesco Vasta, actif au début du XXe siècle. Comme dans le cas de la charrette sicilienne, on distingue différents types de "pupi": les plus importants étant ceux de Catane (jusqu'à 140 cm de haut) et ceux de Palerme, plus petits, mais très bien articulés. Le grand **Musée International des Marionnettes** de Palerme réunit, à côté des "pupi" siciliens les plus caractéristiques, des marionnettes napolitaines et du monde entier; ainsi que les décors et le matériel, parfois savants, de ces théâtres.*

La procession du Vendredi Saint à Erice et deux aspects de la fête de Pâques à Piana degli Albanesi. Une marionnette traditionnelle sicilienne du "Théâtre des Pupi".

LES CHARRETTES SICILIENNES

Les premières charrettes siciliennes sont apparues assez récemment, au XIXe siècle. Conçues au départ comme simples outils de travail, elles circulaient sur les routes carrossables, construites par les Bourbons, transportant toutes sortes de marchandises d'un bout à l'autre de l'île. Elles avaient différentes formes et dimensions, selon le type de marchandise qu'elles transportaient (blé, terre, sable, pierres, bois, vin, etc.). On ne sait pas exactement à quand remonte l'habitude de peindre ces charrettes pour leur donner un rôle officiel de représentation. Selon certains, le but recherché était de les faire ressembler aux carrosses, véhicules réservés à la noblesse dont on connaît les versions richement décorées du XVIIIe siècle.

La construction des charrettes était un travail des plus complexes, elle demandait beaucoup de temps et la participation de plusieurs corps de métiers. Une fois que le charrier avait fabriqué la structure en bois, avec des essences plus ou moins résistantes selon les pièces et leur fonction, le sculpteur sur bois prenait le relais et travaillait au ciseau les roues et les parties moins visibles mais essentielles de la charrette; venait ensuite le forgeron qui cerclait les roues et réalisait les arabesques en fer forgé. Une fois prête, la charrette était confiée à des **peintres** qui la décoraient entièrement - mais surtout les flancs - en optant toujours pour des couleurs vives et contrastes. Il existe d'innombrables versions de ces charrettes dont la distinction se fait sur la base de leur décoration peinte. À une certaine époque, en Sicile orientale, les décorateurs utilisaient surtout le rouge, le vert et le bordeaux et représentaient des sujets tirés de la nature (fruits, oiseaux, papillons, etc.), alors que dans l'ouest de l'île on préférait les mariages de rouge, de jaune et de bleu pour réaliser des motifs géométriques associés à des représentations de chevaliers et d'anges. Mais il y avait aussi des règles d'ordre psychologique: le bleu étant réservé aux sujets religieux alors que le jaune et le rouge traduisaient le climat enflammé des guerres ou des amours chevaleresques.

À la fin du XIXe siècle, les histoires de paladins avaient fini par l'emporter sur les sujets hagiographiques et bibliques. On opta pour le genre chevaleresque et les thèmes historiques en réunissant dans une seule et même épopée toutes sortes de personnages au faîte de leur gloire: de Christophe Colomb à Garibaldi, de Jules César vainqueur des Gaulois à Richard Cœur de Lion. Mais on s'inspirait également de la musique, des scènes de mélodrames, et des thèmes classiques de la chasse traités avec réalisme.

Un aspect aussi important de la tradition sicilienne - la charrette sicilienne est un des symboles de l'île - ne pouvait échapper à l'attention des collectionneurs, comme en témoignent les superbes collections de la commune de **Terrasini** qui en possède de nombreuses versions (charrette de Palerme, de Castelvetrano, de Trapani, de Catane); ou, encore, les collections de Modica de Monreale et celle de M. Giuseppe Badalamenti de Partinico.

Scène d'un "cartello" et une charrette colorée du début du XIXe siècle (collection Franco Bertolino).

Page ci-contre, harnachement de fête d'un cheval tirant une charrette traditionnelle.

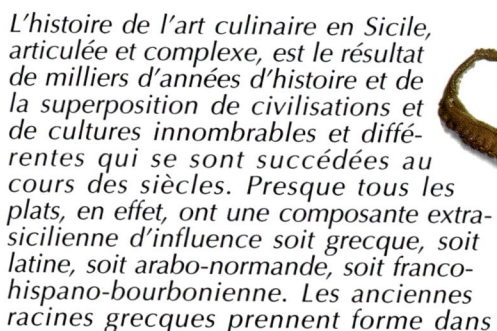

L'histoire de l'art culinaire en Sicile, articulée et complexe, est le résultat de milliers d'années d'histoire et de la superposition de civilisations et de cultures innombrables et différentes qui se sont succédées au cours des siècles. Presque tous les plats, en effet, ont une composante extra-sicilienne d'influence soit grecque, soit latine, soit arabo-normande, soit franco-hispano-bourbonienne. Les anciennes racines grecques prennent forme dans une expression simple et naturelle se basant sur du poisson très frais et sur les arômes naturels de saison. La cuisine grecque resta fidèle à elle-même, même pendant l'occupation romaine, quand l'île devint le "grenier" de l'Empire. C'est aux Arabes que nous devons l'empreinte particulière qu'on retrouve encore de nos jours. Les Siciliens, en effet, introduisirent les épices orientales dans leur cuisine en inventant des aliments faits de "farine sous forme de fils" (les Triyah, précurseurs des vermicelli), en proposant le célèbre Couscous très à la mode dans la région de Trapani et à Pantelleria, les arancini (boulettes en forme de petite orange) qui dérivaient en quelque sorte du pilaf arabe, avec beaucoup de safran.

L'empreinte de la civilisation arabe est présente également dans la pâtisserie sicilienne. Les célèbres cassate (de l'étymon original gas at) et le nougat (cubayta) sont en effet d'invention arabe. Amateurs raffinés de friandises saisonnières, les Siciliens proposèrent la glace dite "sorbetto", de l'étymon arabe sciarbat; au goût très varié et surprenant, mais toujours orientalisant, ces sorbets sont à la pastèque, à la pistache, au jasmin (scurzunera), à la cannelle, au café blanc, aux amandes. Les Normands, qui succédèrent aux Arabes, ne modifièrent pas substantiellement les habitudes culinaires qui gardèrent leur prépondérante et orientalisante empreinte arabe. Nous assistons à l'introduction du gibier, alors que les influences successives francisantes introduisirent le gâteau (appelé aujourd'hui simplement gattò) à base de pommes de terre et de riz, d'autres plats de légumes et les soupes de poisson (madellotte). C'est aux Espagnols, qui conquirent la Sicile du XVe au XVIIIe siècle, que l'on doit l'introduction de matières premières et de condiments provenant du Nouveau Monde et les usages typiquement ibériques. La cuisine sicilienne acquiert un nouveau goût grâce à l'importation des poivrons, des tomates, des au-

bergines et des pommes de terre. C'est ainsi que de nouveaux mélanges alimentaires et des choix gastronomiques très réussis se créent. A l'époque bourbonienne c'est la haute cuisine des nobles et des prélats qui influence l'esprit simple et populaire des traditions insulaires. Parmi les plats typiques de la cuisine sicilienne, citons les suivants; hors-d'œuvre: les tomates farcies, la caponata de légumes, les olives farcies, les olives écrasées; entrées: les pâtes aux sardines, les pâtes "ncasciate", les pâtes à la Norma, les crispeddi, les sfincioni; plats de résistance et garnitures: l'espadon alla ghiotta

Quelques ingrédients de la cuisine sicilienne et quelques plats typiques: page ci-contre, Espadon à la messinaise, cette page Thon marinière, Espadon grillé et Sardines farcies "a beccafico".

(à la gourmande), les aubergines en plusieurs présentations, les sardines à beccafico, les brocolis à l'étouffée, le falsomagro; une variété infinie de fromages: du fromage de brebis, au tuma et au primosale; entremets: les cannoli, les fruits de Martorana, l'agnello pasquale, la pignolata, et une grande variété de "granite" (sorbets à la glace pilée). La production vinicole Sicilienne est d'excellente qualité, aux vins honnêtes, vigoureux et forts, dont le goût rappelle le célèbre Marsala en ses différentes qualités. A côté de ce dernier nous nous devons de rappeler le Blanc d'Alcamo, le Regaleali, le Corvo de Salaparuta, les différentes qualités de Moscato, le Passito (de Pantellerie), les vins excellents de la zone de l'Etna (blancs, rosés et rouges), la Malvoisie de Lipari, le Faro de Messine et l'Ambrato de Comiso.

PALERME

Ville de type métropolitain, elle s'ouvre en éventail face à sa rade pittoresque, entourée de reliefs rudes et puissants qui descendent vers la verdoyante Conca d'Oro qui, malgré la massive agression du ciment perpétrée ces dernières décennies, a conservé la beauté unique de son paysage. Les Sicanes puis les Crétois et les Elymes s'établirent face à cette baie particulièrement appréciée par les Carthaginois qui devint un établissement punique permanent à partir du VIIIe siècle avant J.-C. Entre le VIe et le IVe siècle avant J.-C., une nouvelle ville fortifiée se joignit au noyau primitif de la Paléopolis et à celui, plus récent, de la Néapolis. Les Syracusains essayèrent plusieurs fois de s'emparer de la nouvelle ville à l'époque des guerres contre les Carthaginois. Après le siège inutile de 258 avant J.-C., la citadelle carthaginoise en Sicile dut rendre les armes aux Romains (254 avant J.-C.) qui, quatre ans plus tard, repoussèrent la tentative de reconquête d'Hasdrubal. Après le déclin de la puissance romaine, on assista, entre le VIe et le IXe siècle après J.-C., à la succession des vagues barbares qui s'alternèrent sur le sol palermitain (Vandales, Ostrogoths) jusqu'à l'établissement des Byzantins (première moitié du VIe siècle) qui seront chassés par les Arabes en 831. Au début du XIe siècle, une action militaire conjointe des Normands et des Pisans réduira l'occupation islamique qui devra céder la place aux Normands de Robert Guiscard et de Roger à partir de 1072. Entre ces dates et les vingt dernières années du XIIe siècle, on assiste à la montée de l'influence normande qui, de Palerme, s'étendra bientôt à toute la Sicile, en encourageant les sciences, la culture et les arts. Après les Normands ce fut le tour des Souabes avec Frédéric II, figure très importante autour de laquelle s'uniront les esprits culturellement plus valables et rénovateurs du moment, en dépit de l'opposition des nobles et de la papauté. A la mort de Frédéric II (1250) la ville commença inexorablement à décliner jusqu'au transfert de la capitale à Naples (1266) et à l'alternance de l'influence angevine et aragonaise.
La brève parenthèse des Vêpres siciliennes (1282) consolidera encore plus le rôle des Aragonais qui pré-

Palerme vue depuis la Scala Vecchia, la ruelle escarpée qui mène au sommet du mont Pellegrino et qu'emprunte chaque année, le 4 septembre, la procession en l'honneur de sainte Rosalie; en haut, la statue de la sainte (XVIIIe siècle) victorieuse de la peste de Messine, sur la Piazza della Cattedrale.

luderont à la longue domination espagnole à Palerme et sur l'île. Entre le XVIe et le XVIIe siècle, la physionomie de la ville change encore et de nouvelles constructions de défense s'élèvent, tandis que son organisation urbaine se transforme profondément.

Dans la première moitié du XVIIIe siècle, la maison de Savoie et les Autrichiens se succéderont jusqu'à l'arrivée de Charles III qui construira sa fortune sur les arrogantes prévarications perpétrées par le clergé et par la noblesse.

Dans la seconde moitié du XVIIIe siècle, l'abolition du Tribunal du Saint Office est la plus éclatante d'une série de réformes mise en place par le vice-roi espagnol Caracciolo. La conséquence de la révolution française et des grandes agitations qui agitent la scène sicilienne est que le gouvernement des Bourbons encouragera, en 1812, une Constitution qui ne calmera pas les agitations révolutionnaires qui engendreront le terrain fertile sur lequel se développera la victorieuse expédition de Garibaldi (1860).

Vue aérienne de la splendide baie au bord de laquelle s'étend la petite ville de Mondello.

Vue du côté méridional de la cathédrale de Palerme, donnant sur la Piazza della Cattedrale splendidement aménagée aux XVe et XVIe siècles.
Au-dessus du portail, dans une niche, la Vierge en mosaïque réalisée par Antonio Gambara en 1426 (ci-dessous, un détail). A gauche, une des statues des quatre Evangélistes placées dans les niches sous le portique.

Page ci-contre: le portique du côté méridional de la cathédrale et une vue du chevet.

Cathédrale

Cet édifice majestueux s'impose par la beauté scénique de ses lignes architecturales dressées au bord du parvis, construit à l'emplacement d'un cimetière antique, entouré d'une balustrade en marbre couronnée de sculptures, en général d'empreinte baroque. Construite à partir de 1184 par volonté de l'archevêque Gualtiero Offamilio à la place d'un édifice préexistant de culte musulman (mosquée), elle est le résultat d'une série de restaurations, ajouts et modifications qui se sont succédés au cours des siècles. Les quatre clochers ont été bâtis au XIVe siècle; les portiques méridional et septentrional ont été construits, l'un après l'autre, entre le XVe siècle et le début du XVIe siècle.

La **façade** (XIVe-XVe siècle) est encadrée par deux clochers ornés de motifs sculpturaux de grande valeur qui rappellent des thèmes islamiques par l'alternance d'éléments végétaux et abstraits. Le portique splendide du XVe siècle présente une grande richesse de détails décoratifs d'empreinte gothique. Sur le côté donnant sur la place s'ouvre le **portique**

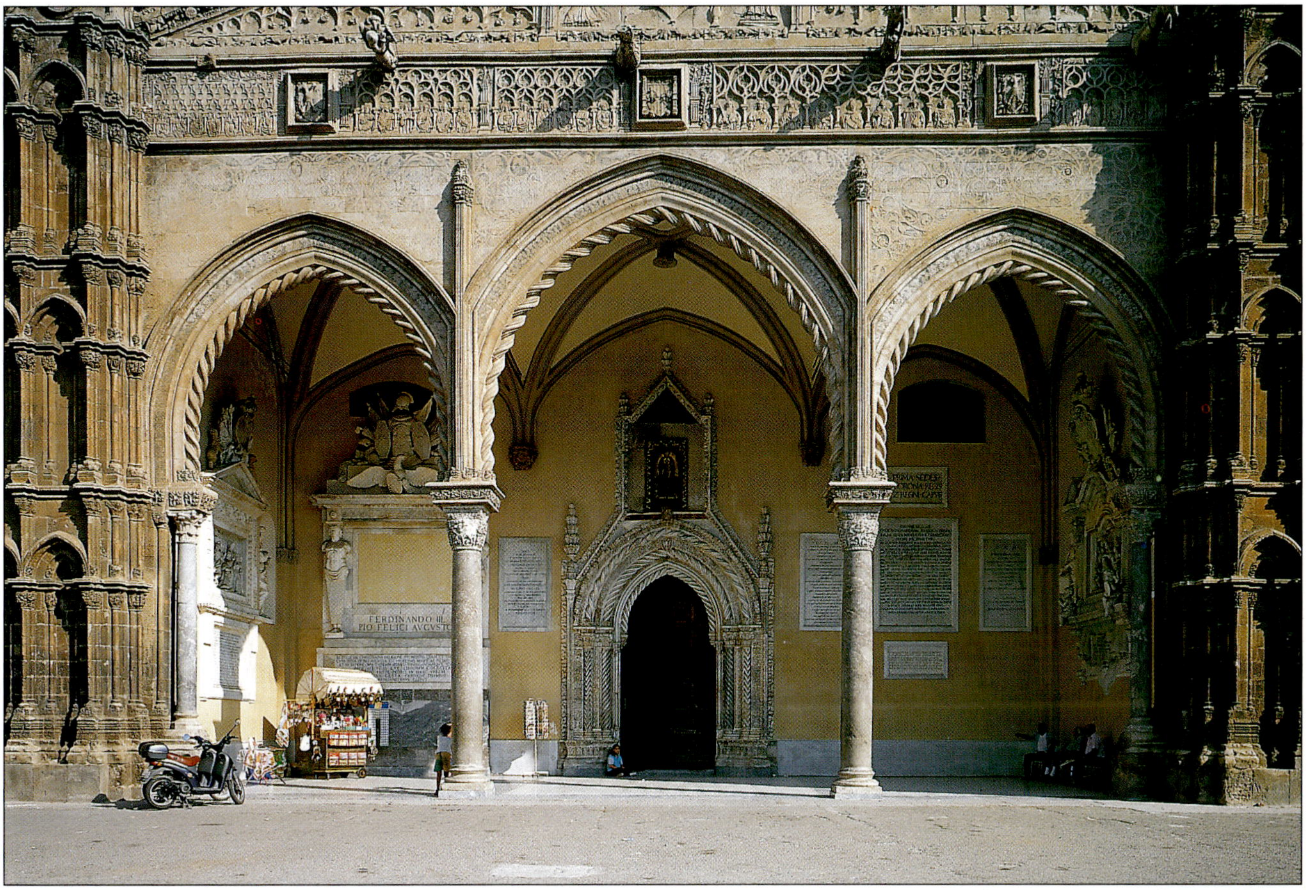
FERDINANDO III.
PIO FELICI AVGVSTO

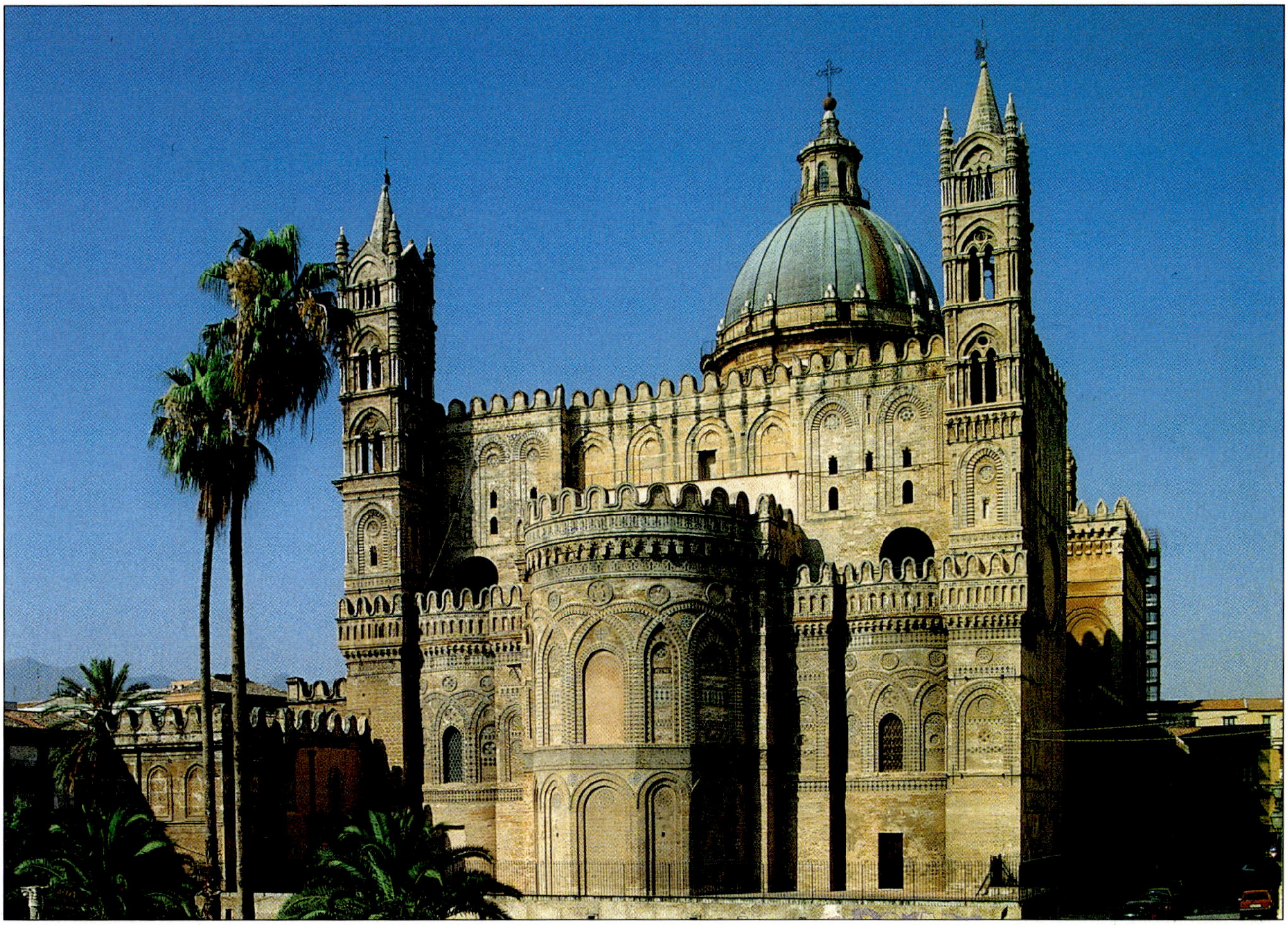

méridional, réalisation de style gothique-catalan d'une grande importance architecturale (seconde moitié du XVe siècle). L'**abside** est comprise entre deux clochers et constitue la partie restante la plus remarquable de la première construction normande. Le **portique septentrional** date de la seconde moitié du XVIe siècle.

Auparavant, l'**intérieur** était différent de l'actuel qui résulte des restaurations effectuées au cours du XVIIIe siècle sous la direction de F. Fuga. L'intérieur, divisé en trois nefs par une série de piliers, contre lesquels sont adossées des sculptures dans le style des Gagini qui reproduisent des *Saints* (et qui faisaient partie d'une structure absidale démolie), a une empreinte globalement néoclassique. Dans la nef de droite, dans un enclos à gauche de l'entrée du côté de la place, nous trouvons les *tombes impériales et royales* et précisément celles d'Henri VI (†1197), de Frédéric II (†1250), de l'impératrice Constance de Hauteville (†1198) et de Roger (†1154). Dans la partie droite du presbytère on découvre la **Cappella di Santa Rosalia** où une grille en bronze protège la niche contenant le reliquaire en argent de sainte Rosalie, patronne de la ville.

De la partie à droite de l'abside on pénètre dans l'*Antisagrestia* et, de celle-ci, par un riche portail du XVe siècle, on arrive à la **Salle du Trésor** où se trouvent des objets précieux de culte: des calices, des ostensoirs, des miniatures des XIVe à XVIIIe siècles et d'autres objets de valeur. A côté, la **Sacristie des Chanoines** a conservé des portes du XVIe siècle d'A. Gagini. Dans la **Sacristie Nouvelle**, toute proche, se trouve une *Vierge* attribuée à A. Gagini. A gauche, s'ouvre la **Chapelle du Sacrement** qui contient un ciboire précieux du XVIIe siècle, de grand effet scénique, réalisé en lapislazuli par un artiste bergamasque. A droite, le *mausolée de l'archevêque Sanseverino* du XVIIIe siècle est attribué à G. Pennino.

La **crypte** dont l'accès se trouve sur le côté gauche est postérieure à l'édifice originel; elle se compose de deux nefs transversales divisées par des colonnes en granit qui soutiennent les voûtes d'arêtes. A remarquer, les sept absidioles du côté opposé à l'entrée et les nombreux monuments sépulcraux d'archevêques palermitains parmi lesquels celui de Gualtiero Offamilio, fondateur de la Cathédrale.

L'intérieur de la cathédrale, de pur style néoclassique, et un détail de son splendide maître-autel.

En bas, la belle fresque baroque de la cuvette de l'abside de la cathédrale et une des statues de saints adossées aux piliers de la nef.

La petite chapelle Sainte Rosalie où sont conservés les ossements de la patronne de Palerme.

Trésor de la cathédrale: un parement liturgique du XVIIIe siècle.

Parmi les magnifiques objets réunis dans le Trésor de la Cathédrale, le plus beau est certainement la célèbre tiare d'or sertie de perles et de pierres précieuses qui appartenait à Constance d'Aragon, première femme de Frédéric II de Souabe qui se maria tout jeune en 1209. A l'origine, cet inestimable ouvrage d'orfèvrerie avait été déposé, avec d'autres bijoux, dans le tombeau de la reine qui se trouve dans l'une des chapelles de la cathédrale à côté d'autres sépultures royales et impériales.

Porta Nuova

Cette construction scénique qui s'ouvre au début du Corso Calatafimi est pratiquement le prolongement du Palazzo dei Normanni. Sa construction, dans la seconde moitié du XVIe siècle, voulait célébrer la venue de Charles V, qui avait eu lieu presque cinquante ans avant à l'endroit où se tenait alors une porte du XVe siècle. La Porta Nuova, telle que nous la voyons aujourd'hui, est une construction monumentale qui réunit les motifs de l'arc de triomphe et des aspects marqués du Risorgimento. L'intéressant couronnement pyramidal est orné de représentations en faïence reproduisant l'*Aigle,* symbole du Sénat palermitain.

Une vue de l'imposante Porta Nuova.

La façade principale du Palais des Normands, datant du XVIIe siècle, flanquée de la massive Torre Pisana, l'un des derniers vestiges du palais normand d'origine.

En haut, deux détails des statues du monument de Philippe V dans les jardins qui s'étendent devant le Palais des Normands.

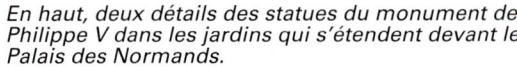

Vues de l'élégante Cour Maqueda, enrichie de splendides mosaïques et de décorations recherchées dont les beaux chapiteaux (à droite) ne sont qu'un exemple.

Palais des Normands

Edifice grandiose et monumental, également connu sous le nom de *Palazzo Reale,* le Palais des Normands a été probablement construit sur d'anciennes fondations vers le IXe siècle, en pleine époque arabe. A partir du XIe siècle, le palais fut le siège des souverains normands et souabes; restauré au XVIe siècle, il accueillit, de temps en temps, les vice-rois et les souverains des différentes maisons européennes. Depuis 1947 il abrite *l'Assemblée Régionale Sicilienne.* La **façade**, qui porte l'empreinte du XVIe siècle, a été plusieurs fois restaurée à partir du XVIIe siècle. Sur la droite, se détache la **Torre Pisana**, ou *Torre Santa Ninfa,* qui est l'un des éléments les plus marqués de la construction normande d'origine. Une cour remarquable du XVIIe siècle, caractérisée par des portiques et des loges, permet d'accéder à un majestueux escalier qui mène au premier étage où se trouve la partie la plus importante de tout le palais.

Page ci-contre, l'autel et la cuvette de l'abside de la Chapelle Palatine.

En haut, les mosaïques de l'abside de la Chapelle Palatine, où figure un majestueux Christ Bénissant *dans le plus classique style byzantin.*

La **Chapelle Palatine** est considérée comme l'une des expressions les plus significatives de l'art normand dans le chef-lieu sicilien. Construite à partir de 1130, elle fut consacrée en 1143; son périmètre extérieur a été en partie caché par des ouvrages de maçonnerie réalisés par la suite, comme la façade du XVIIe siècle qui a caché la partie absidale. L'*intérieur*, à trois nefs avec des anciennes colonnes qui soutiennent des arcs en ogive, est remarquable pour ses traits architecturaux qui culminent avec le sanctuaire, dans la partie absidale tripartite et dans la coupole. La partie décorative ressort par la valeur extraordinaire des décors en mosaïque et par le remarquable *plafond* en bois (XIIe siècle), œuvre d'artisans fatimides. Parmi les expressions d'ornement en mosaïque les plus significatives, réalisées par des artistes byzantins du XIIe siècle, rappellons le *Christ Pantocrator avec les archanges et les anges* (coupole) et les *Episodes de la vie du Christ* dans la partie absidale et aux murs du sanctuaire. Dans la partie absidale de gauche est représentée la *Vierge Hodigitria*. Les murs de la nef centrale sont décorés avec des représentations bibliques. Dans les nefs latérales les décorations en mosaïque ont pour motifs des *Episodes de la vie de saint Pierre et de saint Paul*. A remarquer, les magnifiques carrelages en mosaïque, l'*ambon* (XIIe siècle) et le *candélabre* du cierge pascal qui mettent en évidence des préciosités architecturales et sculpturales. Par un petit escalier, situé au-dessous de l'ambon, on peut descendre dans la **Crypte** où autrefois était conservée la dépouille de Guillaume Ier, transférée ensuite dans la Cathédrale de Monreale. Le *Crucifix* au mur date du XVIe siècle. Dans la **Sacristie** se trouve un précieux *Trésor* qui se compose d'objets de culte, d'objets en argent, de coffrets finement travaillés de style arabe et byzantin et de parchemins.

Le deuxième étage du Palais des Normands présente des pièces très intéressantes; rappellons le **Salon d'Hercule** dont les murs et la voûte sont décorés de fresques représentant le mythe et l'apothéose du héros qui donne son nom au salon où siège l'Assemblée Régionale Sicilienne. Cette salle fut réalisée dans la seconde moitié du XVIe siècle; mais ce n'est que vers la fin du XVIIIe siècle que G. Velasquez peignit les fresques aux murs et sur la voûte. Autour de la **Cour de la Fontaine**, du XVIe siècle, se trouvent les appartements de "l'étage noble" avec du mobilier et des ornements des XVIIIe et XIXe siècles. Intéressante également, la **Salle des Vice-Rois** où sont exposés les portraits de ces derniers. Par l'entrée, sur laquelle s'élève une structure munie de tours, on accède à la superbe **Salle du Roi Roger**, décorée de splendides mosaïques qui représentent des scènes de chasse dont la précieuse trame est d'empreinte arabe.

La **Torre Pisana**, où est installé un **Observatoire Astronomique**, s'élève sur un salon d'aspect plutôt nu, même si des traces font penser à un riche décor en marbre et en mosaïque qui, autrefois, en embellissait les murs. Des travaux de restauration terminés vers la fin des années Soixante-dix permettent d'apprécier, au premier étage, la chronologie successive des constructions et des ajouts que cette partie de l'édifice a subis au cours des siècles. Parmi les différentes salles, signalons encore la **Salle des Guerriers** et la **Salle du Trésor**.

Le monumental ambon de porphyre, malachite et or, sur la droite de l'autel de la chapelle, flanqué d'un magnifique cierge pascal en marbre richement décoré (à gauche, détail qui met en évidence la richesse des sculptures).

La majestueuse façade intérieure dont les grandes mosaïques représentent le Christ *entouré de saint Pierre et* saint Paul, *et deux détails de la superbe décoration.*

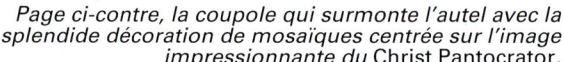

Page ci-contre, la coupole qui surmonte l'autel avec la splendide décoration de mosaïques centrée sur l'image impressionnante du Christ Pantocrator.

Eglise San Giovanni degli Eremiti

L'édifice qui date de l'époque normande fut construit dans la première moitié du XIIe siècle par volonté de Roger à l'emplacement d'un monastère grégorien préexistant. L'église, lourdement restaurée dans la seconde moitié du XIXe siècle, est un exemple typique d'architecture musulmane réalisée par des maîtres d'œuvre arabes très actifs à cette époque à Palerme. La structure du clocher est simple et austère; sur ses côtés s'ouvrent des fenêtres à une seule ouverture; le haut est couronné par une petite coupole rouge qui donne à l'ensemble de l'édifice une empreinte orientale.

L'*intérieur*, dépourvu d'excès ornementaux, présente des caractéristiques d'une extrême simplicité. Deux grandes arcades ogivales divisent en sens transversal la structure de l'unique nef, le transept présente une division triabsidale d'éléments semi-circulaires. De la partie gauche du transept on accède à des locaux extérieurs, qui se trouvent tout au long du côté droit de l'église et qui faisaient probablement partie d'un ancien édifice pouvant dater du Xe-XIe siècle et dont l'identification avec une ancienne mosquée est très douteuse. Le précieux *Cloître* est également normand (XIIIe siècle) et fait partie d'un ancien monastère bénédictin. Autour d'un jardin luxuriant et évocateur se développe une série de petits arcs en ogive soutenus par d'élégantes colonnes jumelées.

San Giovanni degli Eremiti, avec ses incomparables coupoles rouges d'inspiration clairement orientale; l'intérieur austère de l'église et un détail des vestiges du cloître attenant.

Le couvent des Capucins et deux détail des catacombes.

Couvent et Crypte des Capucins

Le couvent des Capucins (construit en 1621) est connu surtout pour ses catacombes. L'église, qui a subi nombre de remaniements à l'époque moderne, conserve plusieurs objets de culte intéressants parmi lesquels des autels en bois du XVIIIe et du XIXe siècle et un reliquaire, toujours en bois, du XVIIIe siècle. Dans les catacombes reposent les cadavres (certains partiellement momifiés, d'autres embaumés) d'environ huit mille représentants du clergé et de la riche bourgeoisie palermitaine, y compris des femmes et des enfants qui, à partir du XVIIe siècle et jusqu'en 1881 (date à laquelle cette macabre coutume ne fut plus autorisée), se firent inhumer dans les cryptes du couvent. La vue de cette longue suite de cadavres est déconseillée aux personnes sensibles.

Eglise Santa Maria dell'Ammiraglio

Connue sous le nom de **Martorana**, elle fut fondée dans la première moitié du XIIe siècle par l'amiral de Roger, Georges d'Antioche. L'édifice présente de nos jours un aspect éclectique et offre d'estimables expressions de l'architecture normande et des éléments baroques ajoutés successivement. La **façade**, d'évidente empreinte baroque, date de la seconde moitié du XVIe siècle. Le magnifique **Clocher**, à quatre étages, est embelli par le jeu des fenêtres jumelées, des colonnettes et des marqueteries multicolores.

L'**intérieur**, remanié également par des restaurations dans le style baroque, s'articule en trois nefs et se distingue en particulier pour les mosaïques. Sur le mur de droite, on voit une ancienne porte et une mosaïque avec *Roger II couronné par le Christ*; sur le mur de gauche, une *Vierge au Rosaire* attribuée à Zoppo di Gangi et une mosaïque représentant *Georges d'Antioche aux pieds de la Vierge*. La coupole, le tambour, les voûtes et les deux absidioles sont tous ornés de magnifiques mosaïques aux sujets religieux. Dans le chœur supérieur (XVIIIe siècle), on admire de nombreuses peintures contemporaines de G. Borremans qui a également peint à fresque la partie médiane de l'édifice.

Eglise Santa Maria dell'Ammiraglio ou de la Martorana: l'élégant clocher de l'édifice normand d'origine; en bas, la mosaïque représentant Roger II couronné par le Christ et une "Ascensione", œuvre du XVI siècle.

Vue de la Piazza Pretoria avec le côté de l'église Santa
Caterina, surmontée d'une coupole, la sobre façade du
Palais du Sénat et la magnifique Fontaine Pretoria.

Palais du Sénat

La mairie actuelle donne sur *Piazza Pretoria* embellie
par la fontaine homonyme. L'édifice a été construit
dans la seconde moitié du XVe siècle, probablement à
l'emplacement d'un palais aragonais préexistant.
Après nombre de modifications et
d'ajouts (XVIe, XVIIe et XIXe siècles), il
se présente avec une somptueuse
façade sur laquelle se détachent la statue de *Santa Rosalia* du XVIIe siècle, attribuée à Carlo d'Aprile, et l'aigle en
marbre sur le portail, œuvre de Salvatore Valenti, tandis que des plaques
commémoratives célèbrent des événements historiques et de la ville.
Parmi les œuvres d'art les plus significatives gardées à l'intérieur, nous rappellerons, dans l'**Atrium**, les fresques de
Sozzo (XVIe siècle), le précieux *portail*
baroque d'Amato (XVIIe siècle) et une
sculpture funéraire en marbre, qui
date très probablement de
l'époque romaine. Il faut encore
noter la sculpture allégorique
qui représente le *Génie de
Palerme*, les salles **des Lapidi,
Gialla** et **de Garibaldi.** De
son balcon le célèbre chef du
Risorgimento harangua la foule
parlémitaine le 30 mai 1860.

Deux détails des décorations en marbre de
la Fontaine Pretoria.

Fontaine Pretoria

Conçue à l'origine pour embellir la résidence florentine de Don Pietro de Toledo,
elle a été successivement achetée par le
Sénat de la ville qui la plaça devant le *Palazzo del Senato*. Réalisation du XVe
siècle, scénique et superbe, cette fontaine
est l'œuvre des florentins Francesco Cam-
milliani et Michelangelo Naccherino qui en
réalisèrent, avec grande habileté, les sculptures allégoriques, mythologiques et de monstres.

La monumentale façade néoclassique du Théâtre Massimo.

Détails du fronton, des chapiteaux et des statues en bronze qui flanquent l'escalier.

Le Théâtre Massimo

Le Théâtre Massimo, l'un des plus grands et prestigieux d'Europe, véritable temple de la lyrique, il fut bâti d'après un projet de G.B. Basile, qui en 1875 dirigea le début des travaux, ensuite achevés en 1897 par son fils Ernesto. Pour donner au nouvel édifice un environnement digne de lui, de nombreuses constructions de la ville baroque furent démolies à cette même époque, faisant place à l'actuelle piazza Giuseppe Verdi. Le théâtre est majestueux, avec une surface de près de 8.000 m² et une superbe *façade* de style néoclassique: un grand escalier flanqué de deux lions de bronze soutenant les statues de la *Tragédie* et de la *Lyrique* mène à un pronaos à six colonnes surmonté d'un grand fronton. Sur les côtés, des demi-colonnes et des demi-piliers alternent avec de grandes fenêtres qui occupent une bonne partie des murs de tout l'édifice. L'*intérieur*, lui aussi admirable et richement décoré, a cinq étages de loges.

Un détail du quadrige en bronze qui domine l'entrée du Théâtre Politeama Garibaldi; un détail du bas-relief qui surmonte l'arc de triomphe et l'arc monumental dont la partie avancée constitue l'entrée du théâtre.

Le Théâtre Politeama Garibaldi

Construit entre 1867 et 1874 d'après un projet de Giuseppe Damiani Almeyda et sous sa supervision, le théâtre Politeama Garibaldi s'élève sur la piazza Ruggero Settimo; c'est une construction circulaire élaborée, qui rappelle de manière évidente, y compris dans sa polychromie prononcée, les modèles pompéiens les plus classiques. Ses deux étages superposés de loggias architravées qui courent tout autour de l'édifice semblent converger dans le majestueux portail, en arc en plein cintre, rappelant un arc de triomphe et surmonté d'un grand bas-relief de Benedetto Civiletti et d'un groupe sculpté de Mario Rutelli comprenant un quadrige de bronze.

MUSEE ARCHEOLOGIQUE REGIONAL

Installé dans les bâtiments de l'ancien monastère des pères oratoriens de l'Olivella, datant du XVIIe et restaurés à la suite des bombardements de la Seconde Guerre mondiale, le Musée archéologique régional, l'un des principaux d'Italie, offre un panorama exhaustif des différentes civilisations qui se succédèrent en Sicile, celles des Phéniciens, des Carthaginois, des Grecs et des Romains, et de leurs diverses manifestations artistiques. Fondé au début du XIXe siècle comme musée universitaire, il fut transféré à l'emplacement actuel, sur trois étages, en 1866. Au **rez-de-chaussée**, les deux cloîtres et les pièces environnantes contiennent de nombreux objets d'archéologie sous-marine et des sculptures d'influence orientale et classique, sans compter des vestiges provenant de Tindari, Himère et Agrigente. Dans la grande salle sont en revanche exposés des vestiges et des objets provenant de Sélinonte, dont de nombreuses stèles doubles, une remarquable collection de métopes ornées de sculptures et de bas-reliefs retrouvées dans les grands temples de cette ville de Sicile, et le célèbre *Éphèbe de Sélinonte*, une statue de bronze du Ve siècle avant J.-C. Toujours au rez-de-chaussée, une grande salle est réservée à l'intéressante collection étrusque, avec des objets provenant de Chiusi et comprenant des urnes funéraires, des sarcophages, des "buccheri" et des cippes funéraires datant du VIIe au Ier s. avant J.-C.

Les galeries du **premier étage** contiennent quant à elles des objets retrouvés dans toute la Sicile, de Marsala à Ségeste, de Termini Imerese à Solunte: lampes à huile, terres cuites à figures et objets provenant des nécropoles de la région palermitaine, mais aussi petits et grands bronzes grecs, étrusques et romains, parmi lesquels le célèbre *Bélier de Syracuse* (IIIe s. avant J.-C.) et l'*Hercule maîtrisant un cerf* qui ornait une fontaine de Pompéi. Dans les autres salles, on peut voir des fragments du Parthénon et des collections d'orfèvrerie et de numismatique. Cette dernière compte des pièces de prix, comme la pièce de dix drachmes provenant de Syracuse et la célèbre monnaie de la légende des Sicéliotes.

Au **deuxième étage**, on trouve les collections préhistoriques, paléolithiques et néolithiques datant de l'âge du cuivre, de celui du bronze et de celui du fer, avec des objets qui vont des outils aux armes et aux premiers ornements rudimentaires, mais aussi de précieuses céramiques grecques et italiotes et des mosaïques et des fresques de provenance et de facture romaines, exposées dans des salles à part.

Parmi les céramiques grecques, on remarquera l'élégance et le raffinement des grands cratères ornés de scènes mythologiques: sur le cratère provenant de Gela figure Héraclès montant sur l'Olympe et sur celui qui fut retrouvé à Agrigente le départ de Triptolème sur un char ailé. On admirera le dénommé *cratère des Amazones*, datant du Ve siècle avant J.-C. et provenant lui aussi de Gela. Les grandes mosaïques sont très belles, en particulier celles représentant un Orphée fort expressif entouré des fauves apprivoisés. Dans la salle réservée à la sculpture romaine est exposée une importante collection de statues, bustes, portraits et panneaux de sarcophages de personnages illustres, dont quelques empereurs, retrouvés en plusieurs endroits de Sicile.

En haut, une des têtes de lion raffinées qui ornaient le Temple de la Victoire à Himère (Ve siècle av. J.-C.).
Au centre, antéfixe étrusque datant du VIe siècle av. J.-C.
Ci-contre, le Bélier de Syracuse, un bronze extraordinairement réaliste.

QUADRIGA DEL SOLE   PERSEO E LA MEDUSA   ERCOLE E I CERCOPI

Ci-dessus, l'une des métopes monumentales provenant des temples de Sélinonte, ornées de précieux bas-reliefs représentant des scènes mythologiques, témoignage extraordinaire du raffinement atteint par l'art sicéliote.

Au centre, un bel exemple de céramique polychrome.

En bas à gauche, une copie du célèbre Laocoon conservé aux Musées du Vatican et, à droite, une tête de canope provenant de Chiusi (art étrusque, VIe siècle av. J.-C.).

TESTA DI CANOPO
DA CHIUSI   VI SEC. A.C.
N.I. 8480

L'Eglise Saint François d'Assise

Curieusement, c'est dans ce qui fut le quartier riche des marchands, au cœur de la vieille ville, non loin du corso Vittorio Emanuele, que se trouve la première église bâtie en ville pour un ordre mendiant; dédiée à saint François d'Assise, elle connut une existence tourmentée. Construite entre 1255 et 1277 sur l'emplacement de deux précédentes églises, elle subit d'importants remaniements: au XVe siècle, avec l'adjonction des chapelles latérales; en 1533, avec la réalisation de la voûte croisée; en 1589, lorsque le chœur fut agrandi et allongé; en 1723, avec la réalisation par Giacomo Serpotta de la belle décoration de stucs, complément naturel des fresques exécutées au siècle précédent; en 1823, pour pallier les dommages provoqués par un violent tremblement de terre (à cette occasion elle fut refaite dans le style néoclassique dominant à l'époque). Enfin, après la Deuxième Guerre mondiale, à la suite des bombardements de 1943, elle fut radicalement restaurée, retrouvant l'aspect qu'elle avait au XIIIe siècle, comme l'attestent des éléments de l'ancienne construction qui subsistent à l'intérieur, le long du côté droit et dans la couronne des absides.

De nos jours la **façade**, savamment restaurée à la fin du XIXe, conserve encore son beau *portail* gothique datant du début du XIVe siècle, surmonté d'un élégant édicule et d'une grande rosace. Les deux portails latéraux attestent quant à eux dans leur sobriété l'influence de la Renaissance et datent très probablement de la seconde moitié du XVIe siècle. L'***intérieur*** à trois nefs, caractérisé par l'élan des larges arcades et la richesse des chapelles gothiques et Renaissance des nefs latérales, séparées de la nef centrale par deux rangées de piliers cylindriques, renferme d'intéressantes œuvres d'art comme les *sculptures* d'Antonio et Giacomo Gagini et de Francesco Laurana et les admirables *stalles* de bois sculpté du chœur, datables du XVIe siècle. On admirera également les belles *statues allégoriques*, réalisées en 1723 par Giacomo Serpotta, qui ornent la nef centrale. L'église compte en outre un riche **Trésor**, avec un grand nombre de toiles et d'ornements sacrés datables du XVe au XIXe siècle.

Page ci-contre, la façade sobre mais élégante de l'église Saint François d'Assisi, avec son beau portail gothique surmonté d'un édicule et d'une rosace. Les deux portails latéraux sont typiques de la Renaissance. Les détails de la rosace (à gauche) et des arcatures aveugles encadrant le portail central (en bas) permettent d'admirer le raffinement et la richesse des décorations.

La sévère nef centrale de l'église Saint François d'Assisi et deux des belles statues fort expressives que l'on peut voir contre les robustes piliers.

Galerie Régionale de Sicile

La Galerie Régionale de Sicile se trouve à l'intérieur du **Palais Abatellis** (XVe siècle). Cet édifice, construit en 1490-1495 par Matteo Carnelivari, est un bel exemple de fusion architecturale des styles gothique finissant et du Risorgimento. La Galerie offre la collection d'œuvres picturales et sculpturales (surtout des XIVe-XVIe siècles) la plus importante de l'île. Au rez-de-chaussée se trouve la section consacrée aux sculptures et, au premier étage, la pinacothèque.

Salle I: sculptures en bois et peintures du XVIe siècle.
Salle II: c'est la chapelle du palais; elle conserve des œuvres sculpturales du XIVe et du XVe siècle (intéressant le *sarcophage de Cecilia Aprile,* attribué à Francesco Laurana) et la grandiose fresque du *Triomphe de la Mort* qui date environ de la moitié du XVe siècle. Pour ce qui en est de son auteur, on a raison de croire qu'il s'agit d'un collaborateur de Pisanello.
Salle III: plusieurs œuvres, parmi lesquelles un magnifique vase de Malaga en majolique dorée, décoré à "loza dorada" et une jarre hispano-américaine, datant tous deux du XIIIe-XIVe siècle.
Salle IV: elle conserve le célèbre *Buste d'Eléonore d'Aragon,* chef-d'œuvre de Francesco Laurana datant de 1471, un beau *Portrait* de dame attribué au même auteur et d'autres œuvres sculpturales du XVe siècle attribuables à l'école de Gagini.
Salle V: une *Vierge à l'Enfant* et un *Portrait de jeune fille,* statues en marbre d'Antonello Gagini.
Salle VI: encore des œuvres de la famille Gagini et des maîtres lombards de la fin du XVe siècle.
Salle VII et **Salle VIII**: œuvres picturales de provenances différentes surtout vénitienne, toscane et sicilienne, du XIVe et du XVe siècle.
Salle IX: vaste salon où prédomine un groupe d'œuvres de Tommaso de Vigilia, célèbre peintre palermitain de la seconde moitié du XVe siècle.
Salle X: salle consacrée à l'*Annonciation*, réalisation sublime d'Antonello da Messina, peinte aux environs de 1473, où l'espace et la lumière se synthétisent sur le geste et sur le visage de la Vierge.
Salle XI et **Salle XII**: plusieurs œuvres de maîtres siciliens de la fin du XVe siècle et du début du XVIe siècle parmi lesquelles nous signalons celles de Riccardo Quartararo de Sciacca.
Salle XIII: consacrée à la peinture flamande, dans cette salle trône le célèbre *Triptyque Malvagna* de Jan Gossaert (1510).
Salles XIV, XV et **XVI**: d'autres œuvres d'artistes flamands et de maîtres italiens des XVIe et XVIIe siècles (à rappeler Vincenzo da Pavia, Jacopo Palma le Jeune, Mattia Preti).
On prévoit un agrandissement de la Galerie pour l'exposition des peintures des XVIIe et XVIIIe siècles et des arts décoratifs.

Galerie Régionale de Sicile: la jolie cour du Palais Abatellis, le Buste d'Eléonore d'Aragon *par Francesco Laurana, et la célèbre* Annonciation *d'Antonello da Messina.*

Palazzina Cinese (Palais Chinois)

Le Palais Chinois est situé dans le haut du vaste **Parc de la Favorita** (jardin public et établissements sportifs) situé sur les pentes du Monte Pellegrino. C'est une construction typique due à l'architecte V. Marvuglia qui la réalisa entre le XVIIIe et le XIXe siècle et lui donna l'empreinte typique qui unit les canons de l'architecture néoclassique au goût, qui était à la mode en ce temps-là, pour tout ce qui avait une provenance exotique et orientale. Dans les pièces on remarque les décors polystyles typiques, les meubles d'époque et une collection de soies et d'estampes chinoises et anglaises. Les fresques qui embellissent certaines pièces ont été exécutées par V. Riolo, G. Patania et G. Velasquez.

Musée Ethnographique Pitré

Cette remarquable collection a été instituée par le fondateur homonyme en 1909 et se situe dans un édifice à droite du Palais Chinois, dans le Parc de la Favorita.
Dans la **Salle I** se trouvent du mobilier et des maquettes de demeures rustiques.
Dans la **Salle II** on peut admirer des fils et des tissus ainsi que le matériel de tissage et de filage.
Dans la **Salle III** nous trouvons des costumes insulaires intéressants.
Dans la **Salle IV** sont exposés des costumes de fête, des broderies et des ornements.
Dans la **Salle V** il y a une exposition de costumes de Noël.
Dans la **Salle VI** se trouve du matériel de chasse.
Dans la **Salle VII**, consacrée à la pêche, sont exposés du matériel de pêcheurs, des bateaux et des miniatures intéressantes.
Dans la **Salle VIII** sont gardés des modèles de charrues et d'outillage agricole.
Dans la **Salle IX** se trouvent les outils nécessaires pour l'élevage des bestiaux.
Dans les **Salles X-XI** nous trouvons les instruments de travail concernant les arts, les métiers et le commerce des marchands ambulants.
Dans les **Salles XII-XV** sont exposés des témoignages à caractère magique et religieux, les instruments contre les sorcelleries et le mauvais sort, des ex-voto et des masques.
Dans les **Salles XVI-XVII** on a reconstruit une cuisine rustique.
Dans la **Salle XVIII** nous trouvons des crèches; intéressante à voir une crèche de Trapani du XVIIIe siècle.
Dans la **Salle XIX** nous trouvons les documents, les costumes et les statues des processions de la Semaine Sainte.
Dans la **Salle XXI** sont documentés les chars du triomphe avec la maquette en bois du char de sainte Rosalie.
Dans la **Salle XXII** est présenté un Théâtre des Pupi.
Dans la **Salle XXIII** nous trouvons des décorations, des parements et un exemple de charrette sicilienne.
Dans les **Salles XXIV-XXVII** est exposé le mobilier d'un appartement bourgeois du XVIIe siècle.

Le Palais Chinois, construit pour Ferdinand II de Bourbon; à droite, le buste de Giuseppe Pitré, érudit sicilien, passionné d'ethnographie qui fonda le musée qui porte aujourd'hui son nom (ci-dessous).

Dans les **Salles XXVIII-XXXII** il y a des objets divers en terre cuite.
Dans la **Salle XXXIII** sont conservés des objets gravés et des produits artisanaux.
Dans la **Salle XXXIV** sont exposés des instruments musicaux.
Au **premier étage**, dans les **Salles XXXV-XL** se trouve une bibliothèque très fournie de sujets ethnographiques et folkloriques aussi bien italiens qu'étrangers.
Dans la **Salle XXXIX** nous trouvons des documents autographes de Pitré ainsi qu'une partie de son abondante correspondance.

MONREALE

Ce pittoresque centre de l'immédiat arrière-pays palermitain s'étend sur les collines qui descendent de la ceinture montagneuse calcaire qui délimite la Conca d'Oro. Quoique celle-ci soit devenue, au cours des dernières décennies, une simple expression géographique à cause de l'inexorable invasion du ciment et des constructions qui ont réduit à quelques jardins et à quelques taches isolées l'immense étendue des plantations d'agrumes qui lui ont valu son toponyme, elle garde encore beaucoup de charme. Monreale est réputée pour sa magnifique position naturelle, pour la beauté de son panorama et pour la splendeur de ses trésors d'art. Construite à l'époque normande autour d'un monastère de Bénédictins, elle fut la résidence préférée des souverains normands qui y effectuaient leurs battues de chasse. Elle se distingue, de nos jours, non seulement pour la Cathédrale, devenue, avec son cloître, le but du tourisme insulaire, mais également pour la singularité de son décor urbain d'évidente empreinte médiévale et pour son environnement superbe où s'inscrivent des demeures et des constructions de la période baroque.

La **Cathédrale**, une des expressions les plus pures de l'art normand en Sicile, a été construite, sous les auspices de Guillaume II, dans la seconde moitié du XIIe siècle et se distingue pour les ornements en mosaïque qui en revêtent l'intérieur et lui confèrent un aspect féerique, et pour les précieuses solutions d'une architecture qui dénote des origines fatimides et musulmanes très en vogue en ce temps-là.

La **façade** présente, dans la partie supérieure, le motif ornemental arabe récurrent des arcs entrelacés tandis que, dans la partie inférieure, un portique ajouté dans la seconde moitié du XVIIIe siècle relie les deux puissantes structures garnies de tours. Ces tours, bien que la gauche soit inachevée, complètent le tableau de cette façade en la délimitant du point de vue spatial et en donnant son équilibre à l'ensemble, en dépit du discutable ajout du XVIIIe siècle. Le magnifique portail est enrichi d'une porte en bronze, splendidement décorée par Bonanno Pisano dans la seconde moitié du XIIe siècle. Un portique, de style Gagini, parcourt le côté gauche de l'édifice sur lequel s'ouvre une porte d'accès au temple Barisano da Trani (seconde moitié du XIIe siècle). A l'extérieur, des marqueteries de lave et des arcs entrelacés ornent magnifiquement la partie absidale.

Vue aérienne du centre de Monreale où l'on reconnaît la silhouette sévère et élégante de la cathédrale, avec le beau portique latéral, le cloître, les vestiges des murs de l'ancien réfectoire et le nouveau couvent.

Pages repliées: la nef centrale, resplendissante de mosaïques. Au fond, la cuvette de l'abside, splendidement ornée de gigantesques figures de mosaïques.

L'*intérieur* de la basilique est majestueux et solennel; la croix latine du temple est divisée en trois dans le sens de la longueur par des colonnes antiques qui soutiennent des arcades ogivales. A remarquer, les chapiteaux finement décorés et la partie la plus élevée du sanctuaire qui excelle pour ses valeurs ornementales, architecturales et chromatiques. A partir du couronnement de l'abside principale le regard sévère du **Christ Pantocrator** semble scruter chaque coin caché du temple et, par une curieuse illusion optique, fixer dans les yeux le visiteur d'où qu'on le regarde. L'impressionnante ampleur des mosaïques sur fond doré est le résultat du travail patient des artisans byzantins et arabes qui ont réalisé cette œuvre entre le XIIe et le XIIIe siècle. En plus de ce Christ Pantocrator qui domine les figures de la *Vierge en trône avec les Saints, les Apôtres et les Anges,* on distingue, dans la nef centrale, des épisodes bibliques de l'Ancien et du Nouveau Testament et des épisodes concernant les rois normands: au-dessus du trône royal est représenté le *Couronnement de Guillaume II,* alors que la représentation de *Guillaume II offrant le temple à la Vierge* se trouve au dessus du trône archiépiscopal. Les chevrons en bois du plafond datent de la première moitié du XIXe siècle et ont remplacé les originaux détruits par un incendie; le pavement en marbre avec décors en mosaïque est en partie d'origine et en partie du XVe siècle. De la nef à droite, on accède à la **Chapelle San Castrense** (XVIe siècle) contenant un ciboire de la même époque et une peinture du XVIIe siècle de P.A. Novelli qui représente saint Castrensis. Du bas du transept droit on accède à la **Chapelle des Bénédictins** qui abrite de remarquables reliefs en marbre de Giovanni Marino et d'Ignazio Marabitti (*Sarcophage de F. Testa, Sarcophage de I. Bonanno, Apothéose de St Benoît*).

En haut, la façade de la cathédrale, avec ses deux tours quadrangulaires et son portique du XVIIIe siècle. A droite, détail de la fontaine qui orne la Piazza Vittorio Emanuele, sur le côté de la cathédrale.

Page suivante: la cuvette de l'abside, avec la représentation du Christ Pantocrator au-dessus de celle de la Vierge immaculée.

Du côté droit du transept sont situées les *Tombes de Guillaume Ier et de Guillaume II*. L'autel de l'abside droite est de style baroque; dans la partie absidale centrale se trouve le maître-autel de Valadier (seconde moitié du XVIIIe siècle). L'autel de l'abside gauche, baroque, est surmonté d'un *Crucifix* en bois; tout près, un reliquaire en marbre provient de l'atelier des Gagini et représente la *Pietà*, l'*Annonciation* et *Saint Pierre et Saint Paul*. Ensuite l'*autel de Louis IX* et les *sarcophages de Marguerite, Roger et Henri de Navarre*. De la **Chapelle du Crucifix**, dans la partie absidale de gauche, on accède au riche **Trésor** qui expose des objets précieux des périodes normande et baroque. Au début de la nef droite se trouve l'accès aux **terrasses** et à la partie supérieure de la Cathédrale d'où l'on découvre un magnifique panorama sur le cloître, sur Monreale et sur la Conca d'Oro.

L'**Abbazia Benedettina** (Abbaye Bénédictine) a été construite en même temps que la Cathédrale mais a subi des ajouts successifs, au moins jusqu'à la fin du XIVe siècle. L'élément le plus remarquable est le splendide **Cloître** auquel on accède du côté droit de la façade de la Cathédrale. L'élégante série de petites colonnes jumelées soutient des arcades ogivales d'un délicieux style arabe, le tout enrichi par les décors en mosaïque et les sculptures des chapiteaux qui furent réalisés par des artisans byzantins et islamiques. Dans la partie inférieure du Cloître, dans un

Détails des mosaïques qui représentent: Noé faisant sortir les animaux de l'arche *à la fin du déluge, le* Sacrifice d'Isaac, *la* Création d'Eve.

Deux vues du cloître qui mettent en évidente l'harmonie parfaite de ce chef-d'œuvre de l'art roman avec ses nombreuses colonnettes géminées.

Détails qui permettent d'apprécier la variété de la décoration qui caractérise le cloître.

enclos, se trouve une fontaine artistique qui dénote d'évidentes influences moresques et islamiques.

L'*Eglise du Mont*, de goût baroque, présente un intérieur ravivé par les décorations en stuc de P. Serpotta.

La **Collegiata**, à l'origine du XVIIe siècle, a subi des remaniements et possède de belles peintures et des sculptures en bois.

La petite église **Sant'Antonio** présente une gracieuse façade baroque du XVIIIe siècle. Du jardin public du **Belvédère** on découvre un panorama splendide.

L'*Abbaye San Martino delle Scale* - station de villégiature sur les contreforts qui dominent Monreale et la plaine palermitaine - date de la seconde moitié du XVIIIe siècle; elle fut construite par Venanzio Marvuglia qui agrandit un édifice bénédictin préexistant réalisé, selon certains, par Saint Grégoire le Grand au VIe siècle. Dans l'église du XVIe siècle sont exposées des toiles de valeur, de Zoppo di Gangi, de Filippo Paladino et de Pietro Novelli, ainsi qu'un beau chœur en bois de la fin du XVIe siècle.

SOLUNTO

Zone archéologique très intéressante sur les pentes étagées du Mont Catalfano, dans un milieu panoramique et très beau. Les premiers établissements furent très probablement d'origine phénicienne. Devenue une base punique, comme Palerme et Mozia, elle fut conquise une première fois par les Syracusains (IVe siècle avant J.-C.) puis par les Romains (IIIe siècle avant J.-C.). Rapidement tombée en déchéance, elle fut complètement abandonnée à partir du IIe siècle avant J.-C. De récentes études archéologiques tenderaient à rejeter l'hypothèse selon laquelle le centre le plus ancien se situait au lieu dénommé *Pizzo Cannita*. Les fouilles ont dégagé les ruines de l'établissement primitif qui présentent des caractéristiques urbaines semblables à d'autres zones archéologiques de l'île de type classique finissant avec des superpositions successives hellénistiques et romaines.

Dans l'**Antiquarium** se trouvent les pièces découvertes au cours des recherches archéologiques. Le **Gymnasium** est, en partie, le résultat d'une restauration effectuée dans la seconde moitié du XIXe siècle. Parmi les nombreuses demeures se distingue la **Maison de Léda**, mise au jour au début des années Soixante, dont le nom dérive du sujet des peintures du Ier siècle après J.-C. découvertes dans une des salles. Intéressants, enfin, les ruines d'un petit **Théâtre** pouvant contenir 1200 spectateurs, et du **Bouleuterion** destiné à accueillir les réunions du Sénat. La partie la plus haute de la zone archéologique devait abriter l'**Acropole** et la partie la plus ancienne de la ville.

BAGHERIA

Centre agricole et industriel très peuplé, situé sur les pentes méridionales du Mont Catalfano qui s'avance vers la mer, en délimitant à l'est le Golfe de Palerme. La localité, située dans une zone riche en plantations d'agrumes, s'affirma à partir du XVIIe siècle quand les gentilshommes campagnards palermitains l'élurent comme résidence d'été pour ses conditions climatiques favorables. Grandie à l'ombre de la maison des Branciforti de Butera, elle se développa sensiblement entre le VIIe et le XVIIIe siècle quand de somptueuses habitations furent réalisées. La **Villa Gravina de Palagonia** date de la première moitié du XVIIIe siècle et se distingue pour son plan elliptique; sa façade rappelle des éléments classiques tandis que ses sculptures décoratives représentent des figures fantastiques et de monstres. La **Villa Gravina de Valguarnera** date des premières années du XVIIIe siècle et rappelle, quant à la sompteuse division de la façade et à la disposition architecturale, certaines expressions typiques du Risorgimento. La décoration sculpturale de la façade est l'œuvre de Marabitti. La **Villa Bonanni de Cattolica** date également de la première moitié du XVIIIe siècle; on y a aménagé une *Galerie d'Art Moderne et Contemporain* qui présente des œuvres de Guttuso, originaire de cette ville, et d'autres artistes de notre époque. Parmi les autres nombreuses résidences nobiliaires, figure **Villa Branciforti di Butera** de la seconde moitié du XVIIe siècle.

Les restes de la cité antique de Solunto, colonie de la Grande-Grèce, et la Villa Palagonia de Bagheria.

CEFALÙ

Ravissante et agréable petite ville, elle s'avance sur la côte tyrrhénienne sur un promontoire dominé par une série de montagnes âpres et escarpées. Grâce à son climat favorable et à la remarquable valeur de l'environnement et de l'art, elle est une des perles touristiques de la province de Palerme. Parmi les ressources économiques, sans compter le flux touristique florissant et prospère, on signale la pêche et les activités agricoles. La ville a des origines très anciennes et remonte, peut-être, à la Préhistoire. Vers le IVe siècle on cite le nom de *Cephaloedion* alliée des Carthaginois dans la guerre contre Syracuse. Le toponyme se réfère évidemment au profil bizarre du rocher qui caractérise sa physionomie. Soumise par les Syracusains, elle traversa des vicissitudes avant d'entrer dans le rayon d'action de Rome (IIIe siècle avant J.-C.). Au cours de la seconde moitié du IXe siècle, elle gravita autour de l'émirat arabe du chef-lieu. Conquise par les Normands (XIe siècle), Cefalù connut un grand développement monumental et urbain; elle fut ensuite inféodée aux puissantes familles Chiaramonte et Ventimiglia. Dans la seconde moitié du XIXe siècle, la ville

Vue de la façade de la cathédrale de Cefalù, église normande commencée au XIIe siècle.

Vue d'en haut de Cefalù et la vieille ville sur le port.

Page ci-contre: l'abside de la cathédrale avec la mosaïque byzantine représentant le Christ Pantocrator et, vue de la mer, la vieille ville que domine la cathédrale.

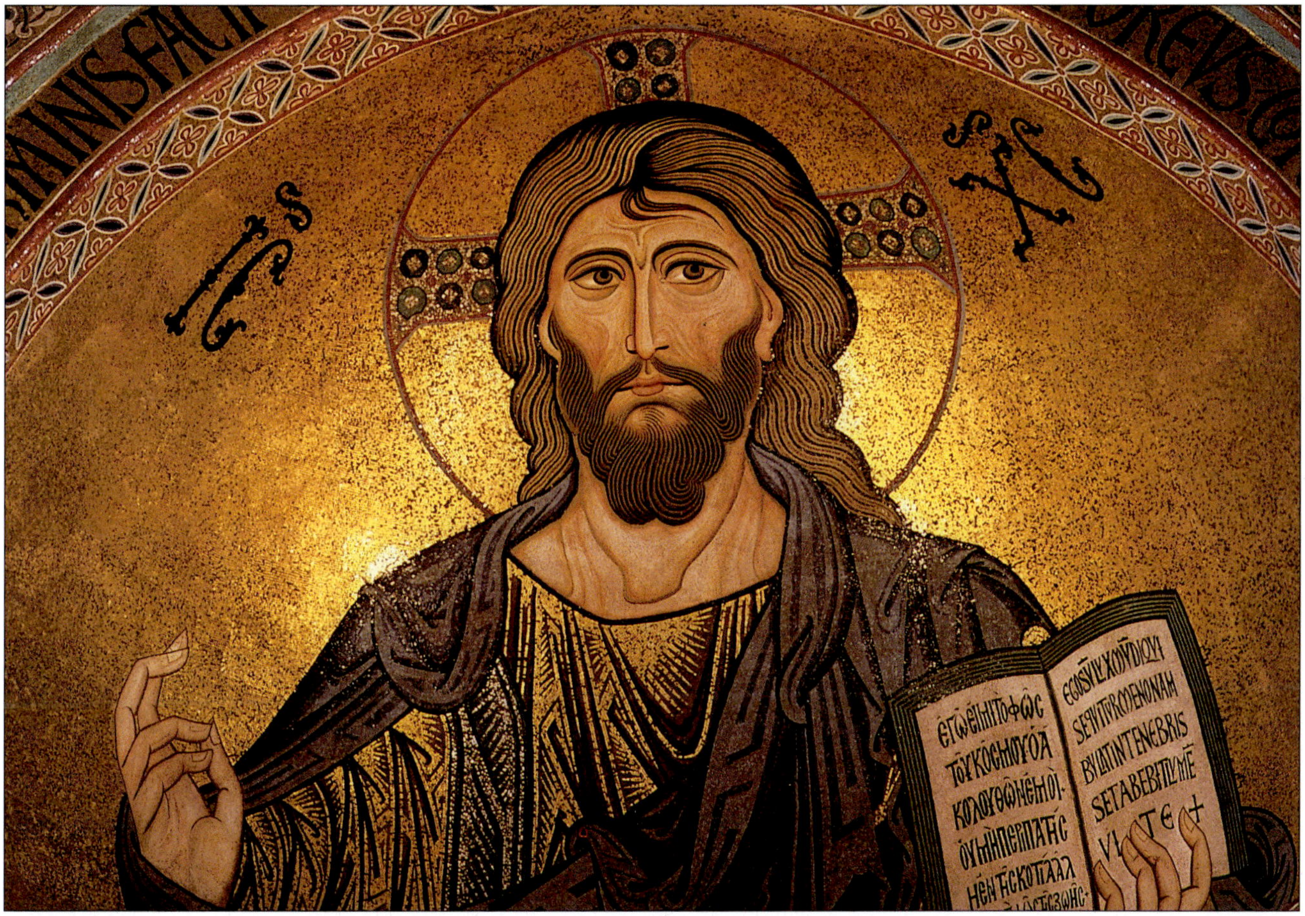

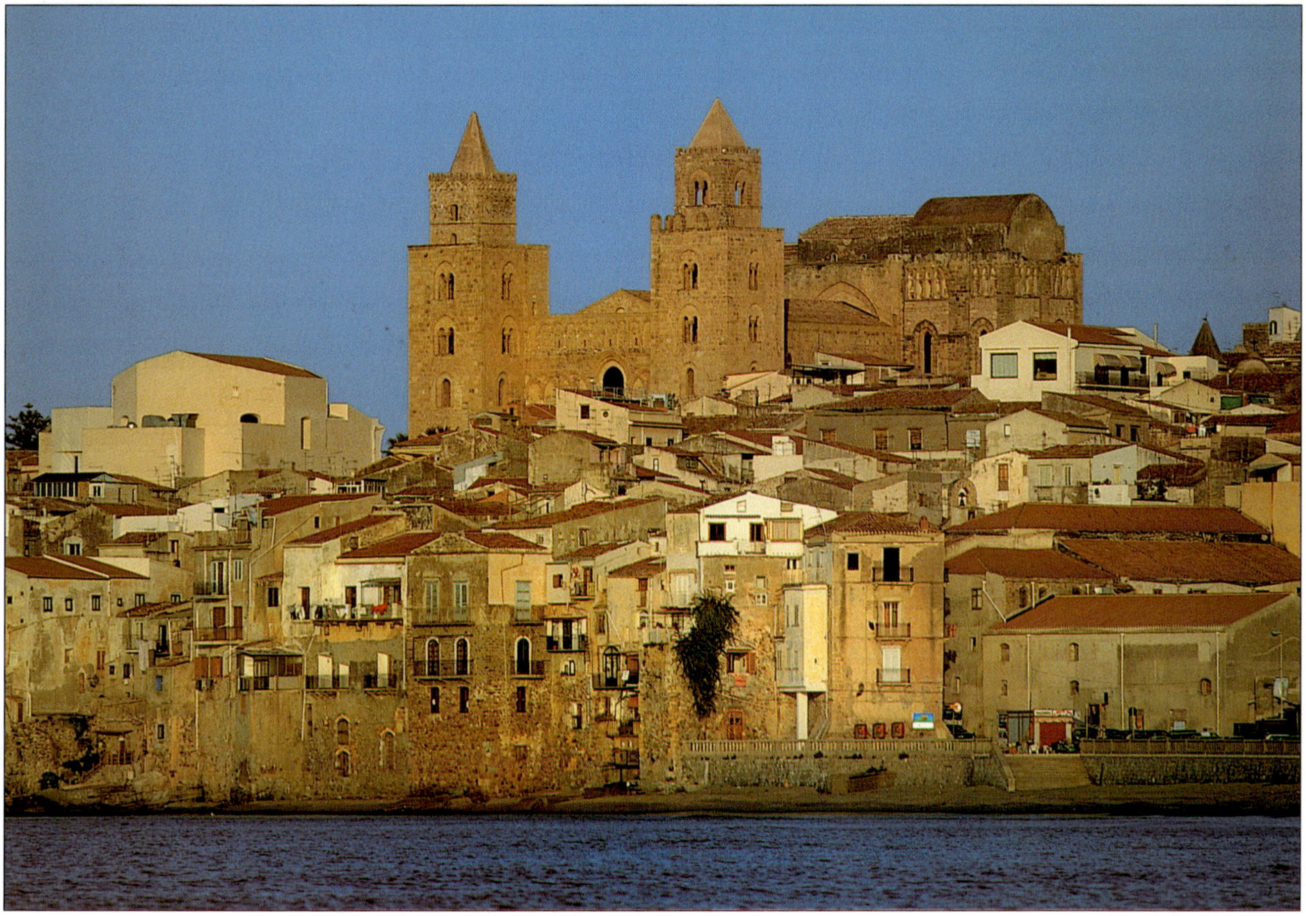

prit activement part, quoi qu'avec peu de succès, à la révolte contre les Bourbons. La structure de sa magnifique **Cathédrale** reprend la typologie de la construction et de l'architecture des édifices religieux normands et ressemble, sous plusieurs points de vue, à la Cathédrale de Monreale. Commencés dans la première moitié du XIIe siècle, à l'époque de Roger II, ses travaux traînèrent longtemps et elle resta partiellement inachevée. Un escalier permet d'accéder au parvis clôturé et orné de statues; la superbe **façade** (XIIIe siècle) est flanquée de deux tours massives allégées par une suite de fenêtres jumelées à une ouverture. Sa partie supérieure est ornée de petits arcs aveugles et d'arcs entrelacés d'évidente dérivation musulmane. Le portique inférieur à arcs ogivaux, qui date de la seconde moitié du XVe siècle, est attribué à Ambrogio da Como. Parmi les autres éléments remarquables du point de vue architectural, nous signalerons le côté droit, le puissant transept et la structure absidale à trois nefs. L'**intérieur** monumental typique des basiliques est à trois nefs avec des puissantes colonnes qui culminent en chapiteaux artistiques de type romain et corinthien et soutiennent d'élégantes arcades ogivales qui révèlent le style arabe. Dans la nef de gauche se trouve une *Vierge* par Antonello Gagini du XVIe siècle, dans la nef de droite, les fonts baptismaux sont du XIIe siècle. On accède au transept par une puissante arcade ogivale soutenue par des colonnes puissantes. La partie presbytérale est surélevée et sa splendeur est due aux magnifiques mosaïques de style byzantin. Le pavement est également de mosaïque et soutient le trône royal et le trône épiscopal, eux aussi embellis par des décors de mosaïque. Les motifs de la précieuse trame en mosaïque sur fond doré représentent le *Christ Pantocrator* bénissant, entouré de la *Vierge, des Apôtres et des Archanges,* tandis que les murs de la tribune représentent des figures de *Patriarches,* de *Prophètes* et de *Saints.* Le beau **Cloître** attenant à

l'église propose des thèmes d'une grande beauté architecturale où se détachent surtout les suites de petites colonnes jumelées qui soutiennent de délicieux petits arcs ogivaux. A noter surtout l'ornement sculptural des chapiteaux qui représente des figures mythologiques et des combats d'animaux. L'**Osterio Magno** est ce qui reste du précieux palais d'époque normande qui aurait été la demeure de Roger (XIIe siècle), quoi que certaines sources penchent pour une construction plus tardive (XIVe siècle). A noter surtout, les précieuses fenêtres trilobées et les deux fenêtres jumelées de l'ancien édifice. Le **Musée Mandralisca** garde des peintures de valeur qui vont du XVe au XVIIIe siècle; sur toutes se détache l'œuvre attribuée à Antonello da Messina: le *Portrait d'inconnu.* Il présente également des fragments d'un pavement en mosaïque d'époque romaine, des icônes de goût byzantin et de considérables pièces d'intérêt archéologique découvertes dans les environs et à Lipari. A signaler, en particulier, des mosaïques grecques du IIe-Ier siècle avant J.-C., le cratère de Lipari au *Vendeur de thon,* exemple important de la céramique siciliote du IVe siècle avant J.-C. Le musée réunit également des monnaies siciliennes, des pièces préhistoriques et des lampes d'époque gréco-romaine, des vases, des poteries, des sculptures, des reliefs et des céramiques siciliotes. Les restes considérables des **Murs** polygonaux de l'ancien établissement datent du IVe siècle avant J.-C. Sur le rocher qui domine l'agglomération, on voit les ruines d'une construction mégalithique du IVe-IIIe siècle avant J.-C., appelée **Temple de Diane**. Des hôtels, des résidences et des villages touristiques de premier ordre se trouvent le long de la côte qui entoure Cefalù. Sur les pentes des montagnes derrière l'agglomération on arrive, à travers une route en lacets, au **Sanctuaire de Gibilmanna** (XVIIe siècle) qui a conservé un précieux autel et une *Vierge* de style Gagini. Le toponyme dérive de l'arabe et témoigne de la forte présence de la manne de frêne.

Ustica, la côte escarpée à proximité de la Punta Falconara et les "Faraglioni".

Page ci-contre: les maisons du vieux Cefalù face à la mer.

ILE D'USTICA

L'île surgit de la mer tyrrhénienne à environ 36 milles à nord-ouest de Palerme. Sauvage et ravissante pour la couleur de son milieu marin en contraste avec la dure morphologie volcanique de l'endroit (sa formation géologique est la même que celle de Lipari).
Ses premiers habitants furent les Phéniciens; plus tard, les Grecs la dénommèrent *Osteodes* (ossuaire) en souvenir d'une tradition selon laquelle six mille déportés carthaginois y seraient morts de faim. Les Romains l'appelèrent *Ustum*, en se référant à l'aspect brûlé et noirâtre de ses falaises de lave. Un monastère de Bénédictins fut actif dans l'île autour duquel s'agrégea le premier centre, plusieurs fois rasé au sol par les pirates sarrasins. Dans la seconde moitié du XVIIIe siècle Ustica fut fortifiée par les Bourbons qui permirent aussi la formation d'établissements permanents organisés par des colons de Palerme, de Trapani et des îles Eoliennes. Le centre habité de Lipari donne sur la côte nord-est et descend superbement des pentes de la *Falconara*, relief de tuf où l'on a mis au jour les vestiges d'une ancienne **Nécropole** et de tombes souterraines. Un intéressant **Musée d'Archéologie Sous-Marine** a été aménagé dans la **Torre Santa Maria**.
Au lieu-dit **Faraglioni** on a retrouvé un très ancien établissement préhistorique datant de l'âge du Bronze (XIVe-XIIIe siècle avant J.-C.).

TINDARI

Zone de grand intérêt archéologique près du Cap Tindari, à l'extrémité occidentale de la baie entre ce cap et le Cap de Milazzo.

Fondée dans la première moitié du IVe siècle avant J.-C. pour célébrer la victoire des Syracusains sur Carthage, elle était connue sous le nom de *Tyndaris* et fut l'alliée loyale de la ville-mère d'abord puis de Rome, à partir du IIIe siècle avant J.-C. Devenue, à l'époque impériale, la *Colonia Augusta Tyndaritanorum,* elle fut dévastée par nombre de catastrophes naturelles telles qu'éboulements et tremblements de terre qui en marquèrent l'inexorable déchéance jusqu'à sa destruction par les Arabes (IXe siècle).

On peut encore voir les ruines des anciens **Murs** avec des portions de l'enceinte d'origine et une partie des murs plus récents. L'élément le plus intéressant est le **Théâtre grec** dont la construction date du IVe siècle avant J.-C. Il a fait l'objet de fouilles et de restaurations à partir de la première moitié du XIXe siècle. Près d'un édifice à voûte - il s'agissait probablement d'une entrée monumentale et non pas d'une basilique comme on l'a cru -, se trouve un vaste îlot urbain disposé sur plusieurs niveaux, connu comme **Ilot IV**. Les niveaux inférieurs sont occupés par les ruines de maisons romaines et de boutiques (*tabernae*). Le niveau supérieur est formé par les restes des **Thermes** du IIe siècle après J.-C. Le **Musée**, à côté du théâtre, conserve des pièces archéologiques intéressantes mises au jour durant les fouilles. Dans la moderne Tindari vraisemblablement située sur l'emplacement de l'ancienne Agora, il est conseillé de visiter le **Sanctuaire**.

Tindari, un aperçu des ruines d'une villa romaine.

Une vue du Théâtre grec face à la mer.

MILAZZO

La petite ville est située à la limite occidentale du golfe homonyme, à la base d'une péninsule qui s'avance dans la Mer Tyrrhénienne. Des pièces archéologiques témoignent du caractère ancien des premiers établissements à cet endroit où l'on trouve des traces de nécropoles du XIVe siècle avant J.-C. Pour son importance stratégique, Milazzo a toujours été au centre d'événements militaires. La ville actuelle fut fondée par les Chalcidiens comme forteresse de Messine vers le VIIIe siècle avant J.-C. à l'emplacement d'établissements sicules préexistants. Près de l'ancienne *Mylai* les Carthaginois furent vaincus par les Romains au IIIe siècle avant J.-C. lors d'une bataille navale. Important pôle administratif à l'époque arabe et normande, Milazzo garda ses prérogatives même sous les Espagnols. En 1860 Garibaldi y remporta une victoire décisive sur les Bourbons. La partie la plus récente du **Château** remonte au XVe-XVIe siècle, quand les Espagnols fortifièrent la structure du XIIIe siècle érigée par Frédéric II de Souabe. Dans la partie la plus élevée de l'agglomération, près du château et des murs d'enceinte, s'élève la **Vieille Cathédrale**, construction du XVIIe siècle qui porte l'empreinte du Risorgimento. L'**Eglise-Sanctuaire San Francesco di Paola** conserve à l'intérieur une belle *Vierge à l'Enfant* de Gagini. Dans la **Nouvelle Cathédrale**, située dans le bas de l'agglomération, se trouvent des peintures du XVIe siècle d'Antonello de Saliba. A voir également le **Palazzo dei Giudici**, de style gothique et le **Palazzo Municipale** avec des témoignages du Risorgimento.

La porte d'entrée du château de Milazzo et une vue panoramique de la puissante structure du château.

ILES EOLIENNES

L'archipel des Iles Eoliennes ou Lipari est situé au large des côtes donnant sur Milazzo. Il compte sept îles: *Alicudi, Filicudi, Lipari, Panarea, Salina, Stromboli, Vulcano*, et une série de rochers et d'îlots. Les composantes principales de ces îles sont la roche volcanique et la lave appartenant à des époques géologiques différentes. Les côtes sauvages et surplombant la mer, d'une captivante beauté, sont riches de cratères, de formations volcaniques et de volcans toujours actifs. Les premiers établissements remontent à l'époque préhistorique. Environ 4000 ans avant J.-C., des populations néolithiques s'établirent à Lipari. Des populations éoliennes, dès 1800 avant J.-C., établirent des fortifications sur les principales routes commerciales maritimes qui passaient par le Détroit de Messine.

Dans ces pages, vues caractéristiques du paysage méditerranéen des îles Eoliennes.

Salina, la plage de Pollara vue d'en haut.

La florissante civilisation éolienne tomba en déclin à la suite d'un dépeuplement soudain qui eut lieu vers l'an 1000 avant J.-C. En 600 avant J.-C., des colons grecs d'origine dorienne peuplèrent à nouveau l'archipel qui, au temps des guerres puniques, devint une fortification stratégique carthaginoise. C'est dans ses eaux que les Carthaginois et les Romains se livrèrent combat (257 avant J.-C.). Au Moyen Age, Lipari accueillit des évêques et fut un centre religieux très important. Lipari renaîtra à l'époque normande, grâce à des moines bénédictins, et elle suivra, comme tout l'archipel, les événements de la Sicile et du Royaume de Naples.

Filicudi, vue des toits et des cheminées en Val di Chiesa, l'intérieur d'une maison éolienne typique.

En haut, une vue du petit port de Panarea.

Bateaux dans le port de Lipari que domine l'ancien fort.

MESSINE

Messine, la Porte de la Sicile, s'étend au pied des contreforts péloritains, face au détroit homonyme qui unit la Sicile au continent. Sa rade naturelle étant en forme de croissant, elle fut appelée Zancle par les autochtones. Elle accueillit des populations chalcidiennes dès le VIIIe siècle avant J.-C. Soumise ensuite à Anaxilas de Rhégion, elle fut peuplée par des colons qui l'appelèrent Messana. Au cours des siècles suivants la ville fut au centre de disputes enflammées entre Doriens et Ioniens et fut entraînée dans les querelles des villes siciliennes jusqu'à l'occupation carthaginoise sous Hannibal. En 264 avant J.-C. les Romains la délivrèrent des Carthaginois et en firent une tête de pont pour leur expansion dans l'île. La nouvelle civitas foederata connut une longue période de paix et de prospérité en devenant une sorte d'"île heureuse" dans la scénario sicilien tourmenté qui, sous Verrès et durant la guerre servile, subira dépouillements, deuils et dévastations. Après la chute de l'Empire, la ville fut longtemps occupée par les Goths et les Byzantins, jusqu'à l'arrivée des Musulmans au IXe siècle. A partir du XIe siècle la ville, aux racines profondément catholiques, accueillit avec plaisir les Normands qui en firent une importante fortification. Soumise ensuite aux Souabes, la ville ne toléra pas la perte de son autonomie, ce qui conduisit ses habitants à une tentative de révolte. Messine suivit ensuite les Angevins, mais elle les combattra à l'époque des "Vêpres". Devenue aragonaise, Messine suivit la Maison espagnole, jusqu'au XVIIIe siècle. Après l'arrivée des Savoie, des Bourbons et des Autrichiens durant les trente premières années du XVIIIe siècle, suivra, à partir de 1734, la Maison des Bourbons qui régna jusqu'à l'annexion au Royaume d'Italie (1861). La ville, située dans une zone à risque sismique très élevé, a été souvent endommagée par des tremblements de terre. Rappellons le tremblement de terre du 5 février 1783 qui la rasa au sol et le séisme catastrophique, suivi d'un raz-de-marée qui, à l'aube du 18 décembre 1908, détruisit complètement Messine en faisant, seulement dans la ville, 80.000 victimes. Ensuite, la Deuxième Guerre mondiale endommagea très gravement le tissu urbain de Messine, déjà si durement éprouvée.

Messine, telle que nous la voyons aujourd'hui est une belle ville moderne, aux constructions réalisées selon des critères antisismiques scrupuleux, dans un cadre urbain très régulier et linéaire. Même s'il ne reste que quelques remarquables témoignages de son histoire millénaire, Messine est une ville d'art de grand intérêt au centre d'un territoire très appréciable pour les beautés de son cadre et de son paysage, pôle commercial et port de grande importance pour les échanges avec l'Italie péninsulaire.

Le temple votif du Christ Roi, au bord du boulevard du mont.

Cathédrale

L'aspect actuel de la splendide cathédrale est le fruit des reconstructions relativement récentes qui suivirent les graves dégâts causés par les bombardements de 1943 et le tremblement de terre de 1908. L'ensemble architectural imposant de la cathédrale se dresse sur la Piazza del Duomo où l'on peut admirer également la Fontaine d'Orion. On doit la construction de la cathédrale au roi normand Roger II qui la fit bâtir sur un édifice préexistant du Moyen Age. La **façade** a conservé seulement la partie inférieure de sa structure d'origine, avec des marqueteries en relief reproduisant des motifs d'intérêt ethnographique et historique. Les portails élégants et précieux sont gothiques et le portail central, couronné par une haute flèche finement décorée, porte sur les côtés des lions soutenant de belles colonnes torses. L'**intérieur** basilical est à trois nefs à double ordre de colonnes soutenant des arcades ogivales. Le plafond en bois, reconstruit presque intégralement, rappelle les motifs originaux.

La fontaine d'Orion, œuvre de C.A. da Montorsoli (XVIe siècle), près de la cathédrale, et l'église Santissima Annunziata dei Catalani, commencée au XIIe siècle.

Le **Trésor** est très intéressant. Il comprend des calices des XIVe et XVIIe siècles, des reliquaires qui datent du XIIe et du XVIIe siècles, des chandeliers en bronze du XVIIIe siècle, des broderies en or et en argent (XVIIe siècle), des chasubles et des chapes en soie, des bagues, des sceaux, des reliques précieuses, des miniatures en corail, de la vaisselle en argent et des peintures de l'époque byzantine. Une attention particulière va au **Clocher** très singulier, plusieurs fois endommagé par les tremblements de terre et reconstruit dans sa forme normande d'origine. Il est dominé par une flèche entourée de quatre pinacles et doté d'un mécanisme d'horlogerie très précis. Les figures animées qui l'embellissent sont des sujet religieux, astronomiques et de l'histoire locale.

Fontaine d'Orion

Chef-d'œuvre de l'artiste florentin Fra' Giovanni Angelo da Montorsoli (XVIe siècle) qui réalisa la merveilleuse sculpture du mythique fondateur de la ville. Elle comprend deux bassins soutenus par des figures allégoriques posés sur une vasque polygonale, animée de sculptures et de représentations allégoriques du *Tibre,* du *Nil,* de l'*Ebre* et du *Camare.*

La cathédrale de Messine vue d'en haut et un détail de l'horloge à personnages de son clocher, avec la représentation de la remise de la lettre de la Vierge aux ambassadeurs de Messine.

Santissima Annunziata dei Catalani

Cette église, qui date de la période normande, a été construite dans la seconde moitié du XIIe siècle mais a subi des ajouts et des changements au cours du siècle suivant. La *façade* remonte au XIIIe siècle et possède un portail central profilé à arc, flanqué de portails latéraux couronnés par une architrave avec une fenêtre à une seule ouverture. A partir du XVIe siècle, ce fut un lieu de culte dominicain puis elle accueillit une confrérie de marchands catalans auxquels elle doit son nom.
L'*intérieur*, en trois parties, est divisé par des colonnes avec voûte en berceau et à arêtes et montre des influences arabes et romano-lombardes.

Eglise San Francesco d'Assisi

Parmi les plus admirables de la ville péloritaine, quoique gravement endommagée par un incendie dans la seconde moitié du XIXe siècle et presque entièrement rasée au sol lors du terrible séisme de 1908. Malgré les changements apportés à plusieurs reprises au cours des siècles, cette église garde l'empreinte de l'édifice originel du XIIIe siècle, bâti à l'époque normande avec des éléments arabosicules. A remarquer, l'élégante structure postérieure à trois chevets avec un couronnement à crénelure guelfe.

Musée Régional

Il se trouve dans l'ancienne *Filature Mellingoff* et contient des témoignages archéologiques et artistiques intéressants aussi bien du Moyen Age que de l'époque contemporaine.

Musée Régional: une Sainte Catherine d'Alexandrie, *œuvre du XVIe siècle, et une* Vierge à l'Enfant *en marbre attribuée à Francesco Laurana.*

La façade de la cathédrale rythmée par des bas-reliefs en marbre (XVe siècle) et des portails gothiques.

La colonne qui donne sur le port de Messine est sommée d'une statue de la Vierge à la Lettre. *Selon la tradition, la Vierge aurait envoyé aux Messinais une lettre contenant les mots "Vos et ipsam civitatem benedicimus" qui sont écrits sur le socle du monument.*

RANDAZZO

Randazzo est située à la confluence des fleuves Alcantara et Flascio, dans la vallée qui s'étend entre le massif volcanique de l'Etna et les reliefs de la chaîne des Nébrodes-Péloritains. L'agglomération urbaine montre une structure médiévale, avec plusieurs constructions en pierre de lave, mais ses origines remontent à la période byzantine quand la ville se développa sur les ruines d'anciens établissements sicules. Elle devint ensuite particulièrement prospère sous les Aragonais. L'église **San Nicolò** date du XIVe siècle, époque dont elle a conservé sa structure absidale. Telle que nous la voyons aujourd'hui, elle résulte de travaux entrepris entre le XVIe et le XVIIe siècle. A l'intérieur, se trouvent de superbes sculptures dues aux Gagini. L'église **Santa Maria** date de l'an 1200 et présente encore la partie postérieure originale à trois chevets. Les portails latéraux son embellis par des motifs catalans du XVe siècle tandis que la façade et le clocher ont subi des ajouts et des modifications dans la seconde moitié du XIXe siècle. L'intérieur, à trois nefs, est orné de peintures du XVIIIe siècle et de sculptures de l'atelier des Gagini, parmi lesquelles un tabernacle polygonal et les fonts baptismaux. L'église **San Martino** se distingue par son superbe clocher du XIVe siècle où s'alternent la pierre de lave et le calcaire.

Randazzo, vue de l'église mère
Santa Maria de style gothique.

Une vue de la côte avec la ville de Letojanni
dans le fond.

LETOJANNI

Cette jolie localité balnéaire située sur la riviera ionienne et délimitée au nord par le Cap Sant'Alessio ne possède pas de véritable documentation historique avant XVIIIe siècle, date à laquelle fut créé sur une hauteur un premier habitat où vinrent s'installer les habitants des collines voisines de la Valle Aurea, la "Vallée d'Or" appelée aujourd'hui Gallodoro. Elle grandit ensuite en direction de la mer et devint un village marin florissant qui, très vite, prit la physionomie d'une station touristique accueillante qui, depuis quelques années, figure parmi les plus réputées du littoral ionien. La douceur de son climat, sa superbe plage, la possibilité de faire des excursions dans les vallées de l'Agrò et de l'Alcantara en ont accentué l'attrait touristique au point que Letojanni est devenue une station internationale. Même Greta Garbo, la sublime, y passa des vacances dans une villa entourée de verdure dans le quartier Silemi.
Letojanni est la ville natale d'un illustre chirurgien, Francesco Durante (1844-1934), l'un des fondateurs du grand hôpital Policlinico de Rome. Un buste en bronze a été dressé à sa mémoire dans le bourg du XIXe siècle.

TAORMINE

Presque à la limite de la province de Catane, Taormine s'étend sur les flancs du Mont Tauro, dans un endroit plein de charme et très panoramique. Cette ville est le fleuron de la Sicile. Elle profite d'un microclimat particulièrement favorable et d'une position naturelle magnifique sur une terrasse donnant sur la côte ionienne, avec l'Etna comme majestueux cadre naturel. De plus, grâce à l'ampleur de son patrimoine historique, culturel et archéologique, Taormine compte parmi les destinations touristiques les plus attrayantes de l'île. C'est une station climatique et de séjour de première importance dotée d'une structure hôtelière et réceptive raffinée et fonctionnelle qui va jusqu'aux plages d'*Isola Bella*, *Mazzarò* et *Spisone*.

D'origine grecque, *Tauromenion* se développa à partir du IVe siècle avant J.-C. à la suite du déclin de la colonie chalcidienne de Naxos, même si, dans la fondation du premier noyau, la présence de l'élément sicule paraît évident. Devenue en peu de temps un satellite de Syracuse, Taormine deviendra la capitale de la Sicile byzantine jusqu'à la conquête de l'île par les Arabes au début du Xe siècle, à laquelle suivra une prospérité retrouvée lors de la période normande.

Le **Théâtre grec** est probablement le principal attrait touristique, y compris du fait de sa position particulièrement favorable avec de magnifiques perspectives panoramiques sur la côte calabraise, la côte ionienne de la Sicile et l'Etna. Le théâtre, tel qu'il se présente aujourd'hui, est sans doute d'époque romaine (IIe siècle avant J.-C.), période à laquelle les structures actuelles se superposèrent aux précédentes structures d'époque hellénique. Les anciennes origines grecques du théâtre sont prouvées par des inscriptions sur les gradins et par les ruines d'un petit temple détruit lors de l'élargissement de la cavea effectué à l'époque romaine.

Là où se trouvait autrefois le **Forum**, sur l'actuelle Piazza Vittorio Emanuele, on a mis au jour les ruines des **Thermes** qui remontent à la période impériale.

La **Naumachie** devait être un nymphée monumental réalisé à l'époque impériale quand la ville s'enrichit de nombreuses ouvrages publics. L'aspect actuel de cette construction est celui d'un mur divisé par de grandes niches avec des absides et une citerne postérieure très mal conservée. Un des importants témoignages de l'ancienne Taormine est l'**Odéon**, théâtre couvert de la période impériale, qui remonte au IIe siècle après J.-C. La cavea, construite en briques, se compose de cinq petits secteurs. La scène est adossée

Taormine et son littoral vus des pentes escarpées du Mont Tauro.

à un ancien temple englobé partiellement dans l'Eglise Santa Caterina, dont le culte est resté, jusqu'ici, inconnu.

Le ***Palazzo Corvaja*** est un édifice du XVe siècle, bâti pour accueillir les réunions du premier Parlement de l'île, qui se caractérise par sa façade crénelée et qui est embelli par des fenêtres jumelées et par un beau portail d'empreinte gothique-catalane; sur la frise, on peut lire une inscription en latin.

La ***Cathédrale*** date du XIIIe siècle, quoiqu'elle ait été substantiellement modifiée pendant le Risorgimento. La façade simple, en trois parties, est surmontée par un couronnement crénelé. Sur le côté droit s'ouvre un portail d'aspect gothique (XIVe siècle) tandis que, sur le côté gauche, se trouve un autre portail, du XVe siècle. L'intérieur est divisé en trois nefs par de grandes colonnes qui soutiennent les arcades ogivales. Devant la façade se dresse une ***fontaine*** du XVIIe siècle avec une représentation mythologique qui est l'emblème de la ville.

La façade baroque de l'église San Giuseppe.

La jolie Piazza IX Aprile que caractérisent la Tour de l'Horloge et l'église San Giuseppe, avec son beau clocher coiffé d'une flèche.

1 **Porta Catania**

2 **Palais des Ducs de Saint Etienne**

3 **Eglise du Carmel**

4 **Cathédrale San Nicolò**

5 **Fontaine**

6 **San Domenico**

7 **Badia Vecchia**

8 **Eglise de la Visitation**

9 **Tour de l'Horloge**

10 **Eglise San Giuseppe**

11 **Eglise Sant'Agostino**

12 **Piazza IX Aprile**

13 **Odéon**

14 **Eglise Santa Caterina d'Alessandria**

15 **Palazzo Corvaja**

16 **Eglise des Capucins**

17 **Eglise San Pancrazio**

18 **Théâtre grec**

19 **Jardins communal Duca Colonna Di Cesarò**

13

14

15

16

17

18

19

Vue pittoresque du Corso Umberto à la hauteur de la Piazza IX Aprile.

L'élégant Palais des Ducs de Saint Stéphane donne sur une belle cour verdoyante.

La Piazza IX Aprile avec l'église Sant'Agostino.

Le **Corso Umberto** est la rue principale, très fréquentée, animée par la promenade des touristes, sur laquelle se tiennent magasins élégants, cafés et restaurants. En la parcourant, on arrive à la panoramique **Piazza IX Aprile**, sur laquelle donne l'église **Sant'Agostino**, construction gothique du XVIe siècle. Plus loin, la **Tour de l'Horloge**, visible de la **Porta di Mezzo**, par laquelle on accède à une zone d'un grand intérêt environnemental et architectural, avec des détails typiques du Moyen Age.

La **Badia Vecchia** connue également sous le nom de *Badiazza*, est une belle construction en forme de tour qui domine les maisons. Construite au XVe siècle, cette ancienne abbaye est un édifice quadrangulaire qui a subi nombre d'ajouts et des restaurations. Cette belle structure possède un couronnement de créneaux gibelins sous lesquels s'ouvre une magnifique série de fenêtres jumelées ogivales qui s'appuient sur une bande de marqueterie en lave et en pierre ponce.

Le **Palazzo Ciampoli**, qui remonte à la première moitié du XVe siècle, résume les caractéristiques typiques de l'architecture gothique-catalane; sa façade est allégée par une série d'élégantes fenêtres jumelées.

Le **Palazzo dei Duchi di Santo Stefano** hébergea la famille De Spuches qui prit le titre de Princes de Galati. L'édifice, du XVe siècle, présente des analogies de style avec la Badia Vecchia et se caractérise par la série de fenêtres jumelées qui en ornent le deuxième étage, tandis que le premier étage se distingue par de petits arcs trilobés. A remarquer, la frise décorative qui se trouve au dessus de l'édifice, réalisée elle aussi en marqueterie de lave et de pierre ponce.

Parmi les édifices caractéristiques de Taormina, il faut citer l'**Hôtel San Domenico** qui était autrefois un couvent dont il reste encore le charmant cloître du XVIe siècle et le mobilier. De l'église homonyme à côté, détruite par les bombardements de la Deuxième Guerre mondiale, il ne reste que le clocher baroque (XVIe siècle).

La façade singulière de la cathédrale San Nicolò est précédée d'une fontaine ornée d'éléments mythologiques.

Détail de la fontaine de la Piazza del Duomo: la Centauresse bipède, symbole de la ville.

Cathédrale San Nicolò: le polyptyque sur bois d'Antonello de Saliba (1504) représentant la Vierge à l'Enfant et saints Jérôme et Sébastien, une Pietà et saintes Lucie et Agathe.

Non loin de **Porta Messina** se trouve la petite église **San Pancrazio** au-dessous de laquelle on a retrouvé d'importants vestiges d'un temple hellénique, les inscriptions découvertes à l'intérieur de ce temple étayent l'hypothèse selon laquelle l'édifice était consacré au culte d'Isis et de Sérapis.

Une excursion agréable par un sentier panoramique conduit à l'imposant **Château Médiéval** construit sur le sommet du Mont Tauro, où autrefois s'élevait l'ancienne acropole. Du haut du château on admire un vaste panorama magnifique.

Le Théâtre grec

Le Théâtre grec de Taormina, une merveille du talent de l'homme à mi-chemin entre l'art et l'histoire, entre le paysage et la nature, entre la culture et le mythe, continue d'évoquer, 2.000 ans plus tard, l'esprit d'idéalisation et l'hédonisme de ceux qui le conçurent et le bâtirent. Les vestiges de cette ancienne construction publique, par ailleurs parfaitement conservés et auxquels les restaurations ont restitué sinon entièrement du moins dans une large mesure leur splendeur d'antan, nous parlent de la grandeur d'un peuple, de sa civilisation et de ses conquêtes. Ils témoignent également d'un profond respect pour la beauté, d'un immense amour pour le théâtre, pour la tragédie, la représentation scénique; des personnages et des auteurs, des poètes, mais aussi des philosophes, des penseurs et des sculpteurs qui ont sublimé le mythe d'Hellade bien au-delà des limites de celle-ci, le long des rivages de la Méditerranée, jusqu'aux confins de la Grande-Grèce. De nos jours, il est utile de rappeler que depuis longtemps ce chef-d'oeuvre enserré entre les transparences bleues de la mer ionienne, la ville ancienne et le panorama du colosse enneigé et fumant s'élevant au-dessus du paysage marin, des collines et des plantations d'agrumes, est devenu un classique des descriptions de la Sicile touristique. Depuis près de trois cents ans le Théâtre de Taormina, avec la complicité d'un environnement splendide et unique, est devenu une sorte d'emblème de l'île toute entière. Situé à l'intérieur du promontoire calcaire qui s'étend jusqu'au Cap Taormina, en position dominante au-dessus de la pittoresque côte qui va de celui-ci à l'Isola Bella, au Cap Sant'Andrea, à Mazzarò et à Lido Spisone, le Théâtre grec est en-dehors de la ville même. Quelques sources épigraphiques permettent de le dater de la période hellénistique, à l'époque du tyran Hiéron (IIIe siècle avant J.- C.). Pour pouvoir mener à bien cette construction cyclopéenne, il fallut aplanir le sommet de l'ensellement naturel qu'il occupe; l'on a calculé qu'il fallut déblayer non moins de 100.000 m³ de roche calcaire. Par ses dimensions (diamètre de la cavea: 109 mètres; section de l'orchestre: 35 mètres) et sa majesté monumentale, le Théâtre de Taormina est le second en Sicile après celui de Syracuse et il constitue l'un des témoignages les plus importants d'édifice théâtral de l'antiquité hellénistique et romaine. A partir du IIe siècle ap. J.C., en pleine époque impériale, les Romains, désireux d'adapter cette grandiose construction publique à la conception romaine de l'amphithéâtre et aux goûts des Romains en matière de spectacle, opérèrent de grands travaux de transformation et de réaménagement de l'édifice. Le Théâtre, conçu pour des représentations dramatiques ou musicales,

Une reconstruction du Théâtre grec de Taormine et, page ci-contre, une vue des colonnes antiques du théâtre.

Pages suivantes: l'Etna blanc de neige sert de toile de fond aux ruines antiques et au superbe paysage naturel.

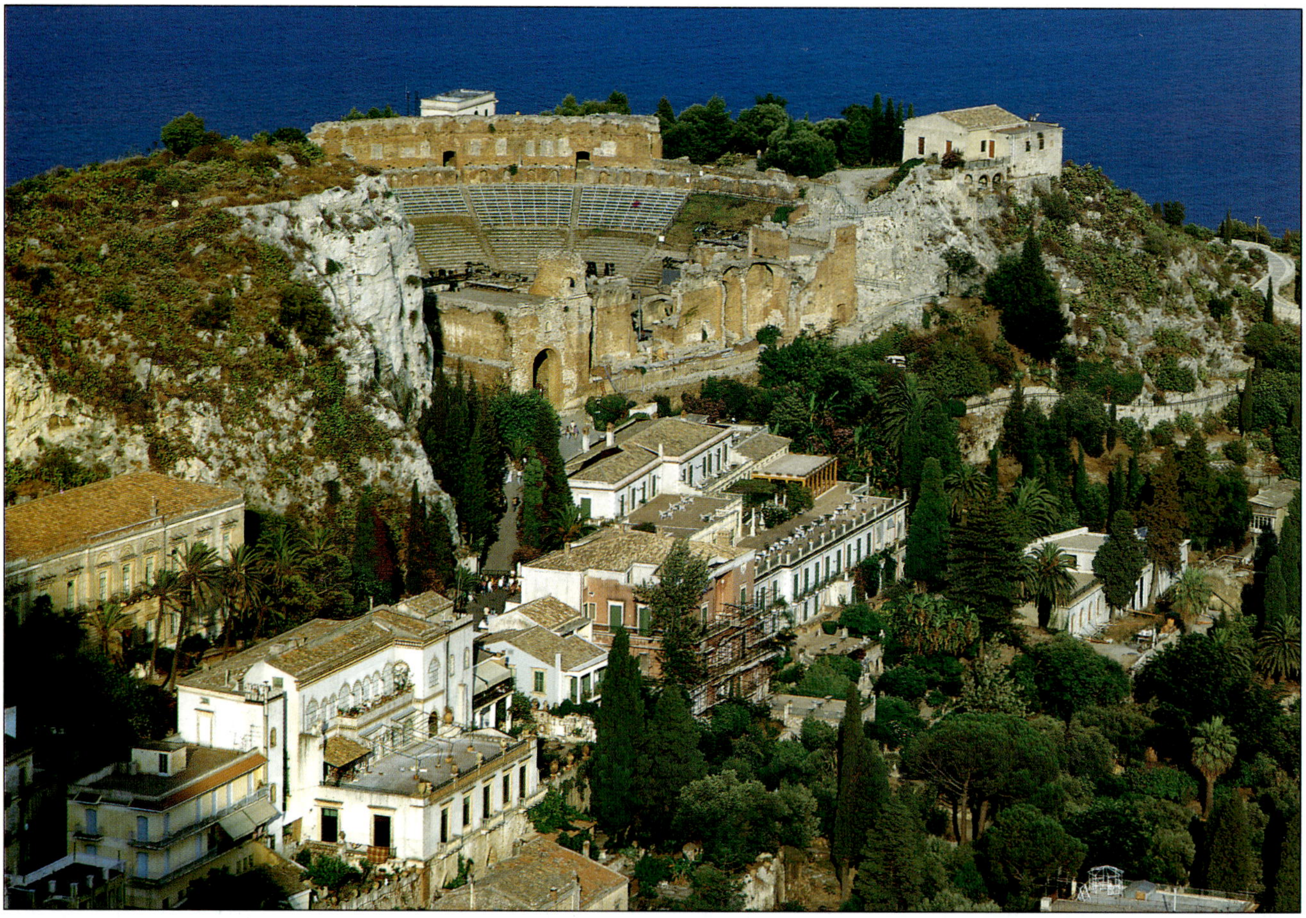

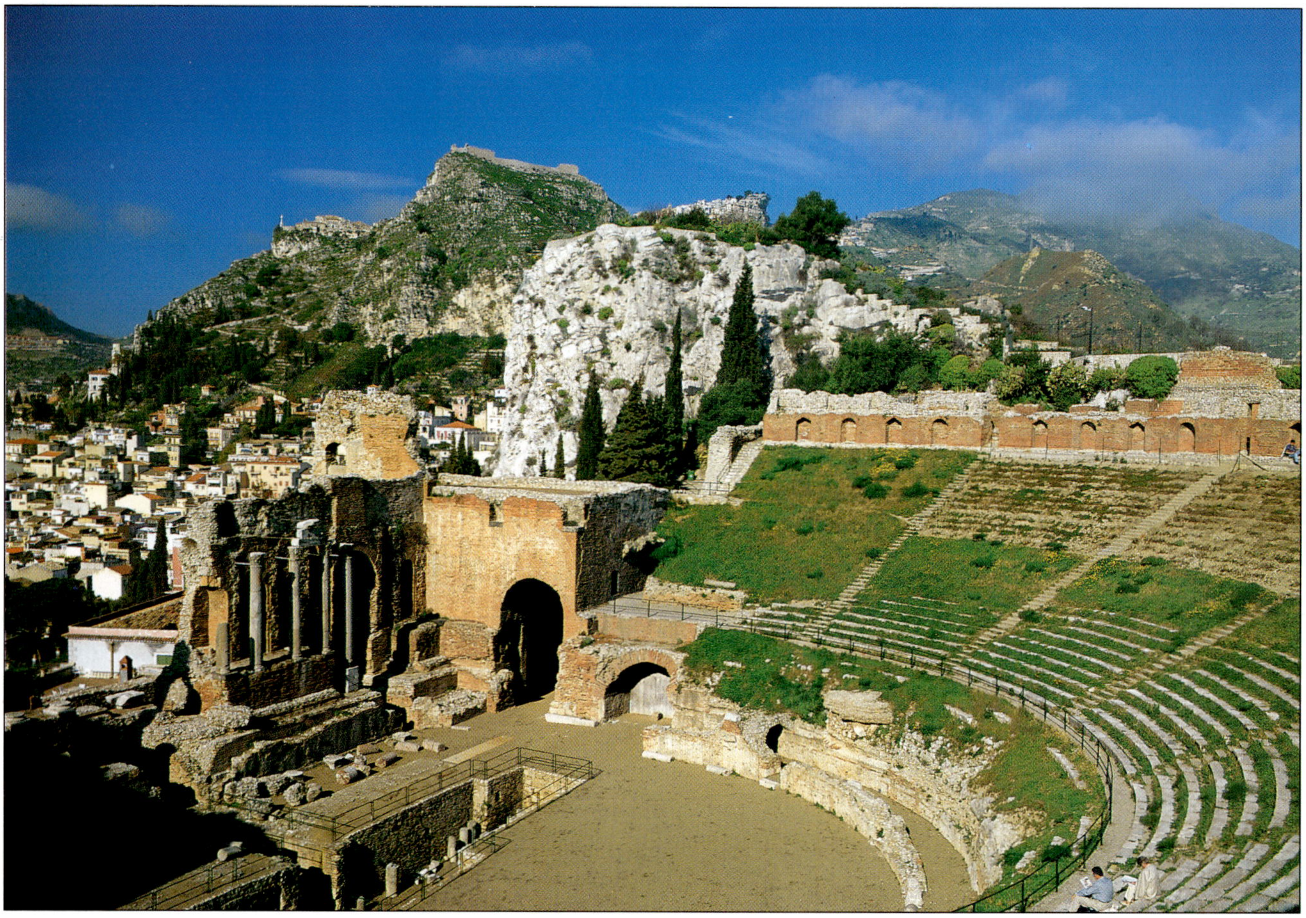

devait accueillir des combats de gladiateurs *(gladiatores)*, à des batailles navales *(naumachiae)* et à des spectacles de chasse *(venationes)*. Tout cela entraîna un agrandissement de l'orchestre pour adapter celui-ci à sa nouvelle fonction d'arène et la construction d'un haut podium pour protéger les spectateurs des dangers inhérents à certains types de spectacles; l'on creusa également des fosses destinées à accueillir les combats entre gladiateurs et entre ceux-ci et des bêtes féroces. La vaste *cavea*, entièrement creusée dans la roche calcaire, pouvait accueillir jusqu'à 5.400 spectateurs. Aujourd'hui encore elle est partagée en neuf sections cunéiformes, desservies par huit escaliers; dans les sections principales ont été réutilisés certains blocs anciens pour reconstituer en partie l'ancien escalier. Il ne faut pas oublier qu'au Moyen Age le théâtre servit de carrière de matériaux destinés à la construction de palais et à l'embellissement de lieux de culte; une tradition veut que les colonnes de la cathédrale proviennent de la scène du théâtre. A la période romaine, deux portiques vinrent couronner la *cavea*, dont celui du haut reposait sur des colonnes; dans le portique inférieur, des niches occupées par des statues se trouvaient dans les entrecolonnements. La monumentale arrière-scène, tournée vers la ville, était embellie de frises, de peintures à fresque et de sculptures.

Toujours derrière la scène, un portique à colonnes accueillait les spectateurs pendant les intervalles des représentations. Les *parascenia*, pièces réservées aux acteurs et entrepôts pour les ornements scéniques, se sont conservés en partie. De la double rangée de colonnes qui devait autrefois se trouver sur la scène il ne reste que quelques éléments, remis debout au siècle dernier lors d'une restauration maladroite. La scène a été restaurée et réaménagée et de nos jours encore le théâtre, célèbre pour la perfection de son acoustique, accueille pendant l'été des représentations théâtrales et des manifestations. Il faut encore mentionner un petit **Temple** situé au-dessus de la partie orientale de la *cavea*, et l'**Antiquarium**, dans lequel sont exposés d'importants vestiges retrouvés lors des fouilles.

Parmi ceux-ci, rappelons un sarcophage romain orné de *représentations dionysiaques*; quelques tablettes portant les comptes-rendus des magistrats de la ville depuis le IIe s. avant J.-C. jusqu'à l'époque impériale; des épigraphes grecques et un torse hellénistique acéphale représentant Dionysos ou Apollon. Du haut des escaliers du Théâtre l'on jouit d'un panorama unique en son genre, avec vue sur l'Etna, qui constitue "la voie d'accès la plus directe à la contemplation de l'Eden", comme l'écrivait en 1833 le cardinal J. Henry Newman.

Page ci-contre: deux vues du magnifique Théâtre grec, enchâssé dans la roche du promontoire qui domine la mer.

Théâtre grec: un détail de la scène.

Page ci-contre: Baia delle Sirene (Baie des Sirènes), vue panoramique vers l'Isola Bella et le Cap Sant'Andrea.

Une vue de la côte avec l'Etna à l'arrière plan.

En bas, Giardini Naxos: Castelmola, Taormine et le Mont Tauro servent de toile de fond aux superbes plages.

GIARDINI-NAXOS

Parmi les localités balnéaires les plus belles de cette partie de la côte ionienne, rappelons **Letojanni**, **Mazzarò** citée plus haut, avec sa magnifique plage de sable en forme de croissant et **Giardini-Naxos**. Il s'agit d'une localité climatique et balnéaire avec des équipements touristiques de premier ordre, située à l'emplacement de l'ancienne colonie hellénique de Naxos (VIIIe siècle avant J.-C.), dévastée par les Syracusains trois siècles plus tard. De cet ancien établissement, il reste des traces importantes comme les **murs** du VIe siècle avant J.-C., les **portes**, une tour, et un vaste espace qui autrefois était occupé par un grand **sanctuaire**. C'est ici qu'on a identifié un ancien temple probablement consacré au culte d'Aphrodite (VIIe-Ve siècle avant J.-C.). Toujours dans cette zone, on visite les ruines d'un **autel** et deux **fours** vraisemblablement annexés au sanctuaire. Une autre partie de la zone archéologique est occupée par les restes de la ville reconstruite après la destruction de 476 avant J.-C. Dans cette partie de la zone archéologique se trouvent des ruines de **lieux de culte** et de **boutiques** d'artisans (potiers et modeleurs de statues). Les nombreuses pièces archéologiques retrouvées ici (céramiques, objets en terre cuite, sculptures, poteries, fragments architecturaux) sont conservées au **Musée Archéologique de Naxos** qui se situe dans l'ancien **Fort Bourbonien** sur le Cap Schisò.

LES GORGES
DE L'ALCANTARA

L'on arrive aux **"Gole dell'Alcantara"**, un site touristique à ne pas manquer, à partir de Taormina-Giardini Naxos en parcourant pendant 13 kilomètres la route nationale 185 en direction de Francavilla di Sicilia.

Ce monument naturel de roche basaltique prit forme vers 2.400 avant J.-C. à la suite d'une éruption du volcan du Mont Moio, le plus excentré du système volcanique de l'Etna. La coulée de lave envahit toute la vallée de l'Alcantara jusqu'à l'embouchure du fleuve, où en 735 avant J.-C. les Grecs fondèrent leur première colonie sicilienne. Au lieu-dit *Sciara Larderia*, le fleuve de lave atteignit une épaisseur de 70 mètres et, encore incandescent, après un tassement de nature tellurique, il se brisa dans le sens de la longueur, suivant un tracé sinueux, sur une longueur de 500 mètres, une profondeur de 70 mètres et une largeur de 5 mètres, prenant la forme d'une gorge. Par la suite, toutes les eaux du bassin hydrographique qui alimentent le fleuve Alcantara se deversèrent dans cette fente, d'où le nom *Gorges de l'Alcantara*. L'action des eaux a poli les parois basaltiques des gorges, donnant à la pierre cet aspect luisant que l'on peut à présent admirer sous l'effet de la lumière. L'on accède aux gorges en parcourant un sentier panoramique ou en empruntant des ascenseurs. Pour arriver à l'entrée des gorges, il est conseillé d'utiliser des bottes (que l'on peut louer sur place) pour se protéger des eaux glacées et des saillies rocheuses. Il peut être dangereux de pénétrer dans la gorge si l'on ne connaît pas bien l'endroit.

Sur place, l'on trouvera un vaste parking, un bar, un restaurant et une exploitation agro-touristique où l'on peut passer la nuit, goûter et acheter des mets préparés selon les recettes traditionnelles, aux saveurs incomparables.

Quatre vues des fascinantes gorges de basalte de l'Alcantara.

ETNA

Le système volcanique de l'Etna se développe depuis les profondeurs d'une vaste anse marine, qui au Quaternaire recouvrait l'actuelle plaine de Catane. L'Etna à proprement parler se situe entre les dépressions de l'Alcantara, au nord, et du Simeto, à l'ouest et au sud. La *Colonne du ciel*, comme la définissait Pindare, fut appelée *Aitnè* par les Grecs (mot dérivant probablement d'un verbe signifiant "flamber", "brûler"), *Aetna* par les Romains, *Djebel* par les Arabes (c'est-à-dire "La Montagne", terme sous lequel aujourd'hui encore l'on désigne familièrement le volcan).

L'Etna, qui est le principal volcan en activité d'Europe, est également connu comme Mongibello, son nom savant. Sa hauteur varie, comme celle de tous les volcans en activité, et actuellement elle est de 3350 mètres; sa surface est de 1570 km² et son périmètre de presque 200 km. Le territoire de l'Etna, en raison de son importance naturelle et anthropique, de ses paysages et de son environnement, a été déclaré

Parc naturel par une disposition législative spéciale de la région sicilienne. Cette zone, qui offre d'intéressantes excursions, est à ne pas manquer pour tous ceux qui visitent l'île et voudraient connaître le frisson de manifestations volcaniques qui se produisent presque sans interruption, atteignant des pointes d'une grande intensité. La partie la plus élevée du volcan a été également aménagée pour le tourisme, avec des équipements permettant de pratiquer le ski. Cet ensemble volcanique impressionnant, dont la présence massive caractérise la partie nord-orientale de l'île, a été depuis les temps les plus reculés le protagoniste de légendes et de mythes. Au cours des siècles, de nombreuses éruptions ont à maintes reprises modifié le profil de l'Etna, amenant la formation de nouvelles bouches éruptives, l'apparition de cônes secondaires et une profonde modification de la conformation orographique et morphologique de l'endroit.

Ici et page suivante, vues spectaculaires du volcan en éruption.

MYTHOLOGIE

La légende raconte qu'Héphaïstos (du grec efestio, volcan), dieu grec du feu, maître dans l'art de la forge, habitait les entrailles du mont Etna.

Certainement pratiqué dans la région de l'Etna, le culte de cette divinité était associé à celui de Dionysos, dieu du vin (oinos).

D'après le mythe, Dionysos, fils de Zeus et de Sémélé, fut contraint de vagabonder à travers le monde pour échapper à la colère d'Héra, l'épouse trompée de Zeus, et, ce faisant, apprit aux hommes à cultiver la vigne qui pousse très bien sur les terrains volcaniques.

GEOLOGIE DU VOLCAN

L'Etna est l'un des plus importants volcans en activité du monde et le plus grand d'Europe, à une hauteur de 3.350 mètres au-dessus du niveau de la mer et avec un diamètre moyen à la base de 40 kilomètres environ. L'édifice volcanique, essentiellement constitué de nombreuses coulées de lave superposées, s'élève au-dessus d'un socle de roche de type sédimentaire.

Les premières informations certaines dont on dispose à propos de l'activité de l'Etna sont dues aux comptes rendus de voyageurs de l'époque préchrétienne. Diodore de Sicile raconte en effet que les Sicanes furent contraints d'abandonner les environs du volcan en raison d'une éruption; l'épisode remonte à une date antérieure à la guerre de Troie. Thucydide nous informe qu'au Ve siècle avant J.C. les environs de Catane furent envahis par un fleuve de lave.

En réalité, l'activité du volcan commença voici environ 700.000 ans, longtemps avant que l'homme ne sût écrire. Au début les émissions de matériau volcanique n'étaient pas subaériennes mais se produisaient au fond de la mer, comme en témoignent certains affleurements de lave, dénommés "coussins de lave". Il s'agit de corps sphéroïdaux irréguliers, placés l'un à côté de l'autre et engendrés par l'accumulation au pied de pentes sous-marines de blocs de matériau lavique non encore consolidé. La partie extérieure de ces "coussins", subissant un brusque refroidissement au contact de l'eau de la mer, formait une sorte de croûte vitreuse destinée à se briser en morceaux: la conséquence de ce phénomène sont les brèches que l'on peut actuellement voir dans les interstices entre les différents blocs et dites "hyaloclastes". Par la suite, le soulèvement tectonique probablement dû à la poussée du magma provoqua l'émersion du fond marin et le début des activités subaériennes du volcan.

Les matériaux produits par le volcan étaient principalement constitués d'effusions laviques qui en raison de leur grande fluidité conféraient à l'édifice volcanique une forme assez douce, sans pentes raides, donnant ainsi lieu à la morphologie classique des "volcans en forme de bouclier". Plus tard, l'activité explosive du volcan augmenta en raison de l'évolution magmatique vers des types de laves plus visqueuses, qui donnèrent à l'édifice un aspect plus rude, avec des versants plus raides, typiques d'un édifice volcanique formé de dépôts alternés de coulées laviques et de matériaux dus à l'activité explosive. L'on donne à ce type d'édifice volcanique le nom de "volcan à strates". Par magma l'on entend une fusion silicateuse contenant des gaz dissous et des cristaux en suspension. Une caractéristique des magmas importante pour l'évaluation de leur caractère explosif est leur "viscosité". La viscosité est directement proportionnelle à l'acidité du magma, c'est-à-dire à la teneur en silice et en alumine, et inversement proportionnelle à la température de la fusion comme à la présence d'alcali et de fer et à la concentration d'eau et d'éléments volatiles. Plus grande est la viscosité, plus fréquents sont les phénomènes explosifs du magma pendant la phase de refroidissement, tandis que dans les laves plus fluides la perte des phases gazeuses se fait de manière continue et tranquille.

L'Etna comme "volcan à strates" a produit des résultats alternés, tantôt constructifs et tantôt destructifs, ces derniers étant attestés aussi par de vastes dépressions dites "caldeiras", parmi lesquelles une des plus évidentes et importantes est certainement celle de la Vallée du Bove. L'activité de l'Etna a un caractère principalement effusif, avec des émissions relativement tranquilles de coulées laviques dont la vitesse ne dépasse pas 15 km/heure, avec aussi de petites explosions à la hauteur des bouches d'éruption où l'on peut assister à l'émission de spectaculaires fontaines de lave. Ce caractère effusif dérive principalement de la fluidité du magma de l'Etna, qui est de type "basaltique", c'est-à-dire assez pauvre en silice et en alumine, et peut atteindre des températures extrêmement élevés qui peuvent presque aller jusqu'à 1200°C.

L'Etna, bien que la plus grande partie de son activité se produise dans la partie centrale, présente un nombre élevé de phénomènes le long de ses flancs, phénomènes qui pour la plupart sont imputables à un système de fractures radiales convergeant vers le centre et le long desquelles se sont formés de nombreux cônes auxiliaires.

En règle générale, l'on trouve des volcans dans des régions où l'activité sismique est intense, par exemple des chaînes de montagnes d'origine récente, des dorsales à mi-hauteur dans l'océan ou des fosses tectoniques, dans lesquelles s'échappent des forces exceptionnelles en raison des interactions complexes entre plaques lithosphériques. En effet, l'Etna est situé précisément dans la zone d'interaction de deux de ces plaques: la plaque africaine et la plaque européenne. Du fait de leur rapprochement, ces deux plaques ont déterminé à une époque géologique la fermeture du paléo-océan de la Téthide. La collision de la plaque africaine et de la plaque européenne a été fort complexe, au point que dans un régime principalement compressif se sont produites localement des situations d'étirement. La zone de l'Etna représente justement l'une de ces situations d'étirement. La formation même du volcan a été produite par cet étirement, entraînant un allongement de la lithosphère qui, ayant un comportement rigide, s'est fracturée, permettant aux magmas engendrés en profondeur par la fusion partielle de l'"enveloppe", cette portion de la planète qui se trouve en-dessous de la croûte terrestre, d'entamer leur remontée. Ceux-ci, après avoir stationné dans un réservoir à environ vingt kilomètres de profondeur, ont donné et donnent lieu, une fois arrivés à la surface, aux manifestations éruptives du volcan.

Michele Cecchi

La réserve du Parc Naturel de l'Etna (58.000 hectares) abrite de nombreux animaux sauvages comme l'Aigle Royal et une riche végétation qui change avec l'altitude, des bois de bouleaux et de chênes on passe aux zones désertiques en arrivant au sommet.

Dans le dessin ci-contre, le fonctionnement d'un volcan.

LE PAYSAGE DE L'ETNA

Le passionnant paysage de l'Etna, auquel l'homme a tenacement ajouté ses propres réalisations, tant des cultures que des constructions permanentes, continuellement menacées par l'implacable activité volcanique, est caractérisé par une multitude d'aspects, tous différents. Ceux-ci sont bien évidemment déterminés par l'intervention de l'homme, mais aussi, en ce qui concerne les zones situées en hauteur, par celle, beaucoup plus dévastatrice, du volcan. Jusqu'à 500 mètres d'altitude, le pied de l'Etna présente des sources, une grande concentration de bâtiments, une importante exploitation agricole (plantations d'agrumes). Un peu plus haut, les constructions humaines s'espacent, faisant place à la culture de la vigne et au maquis méditerranéen, que l'on trouve jusqu'à 1300 mètres d'altitude. C'est aussi une zone boisée, avec plusieurs espèces (châtaigniers, bouleaux, hêtres, mélèzes, pins, chênes). Dans la partie située entre 1000 et 2000 mètres, l'on trouve de nombreux cônes secondaires, environ 200 groupes disséminés le long des pentes du cône central et à sa base. C'est la zone où l'activité volcanique est la plus intense. A 2000 mètres, arbustes, espèces cryptogames et rares pâturages espacés remplacent les arbres. Vers 2900 mètres, l'activité volcanique se fait moins intense; l'on arrive à un vaste haut plateau, dénudé et rocailleux, où, au centre d'un ancien bord de cratère, s'élève le cratère final. Vers le versant ionien s'ouvre le gouffre de la Vallée du Bove, l'un des conduits naturels préférés du magma lorsque celui-ci jaillit des bouches d'éruption.

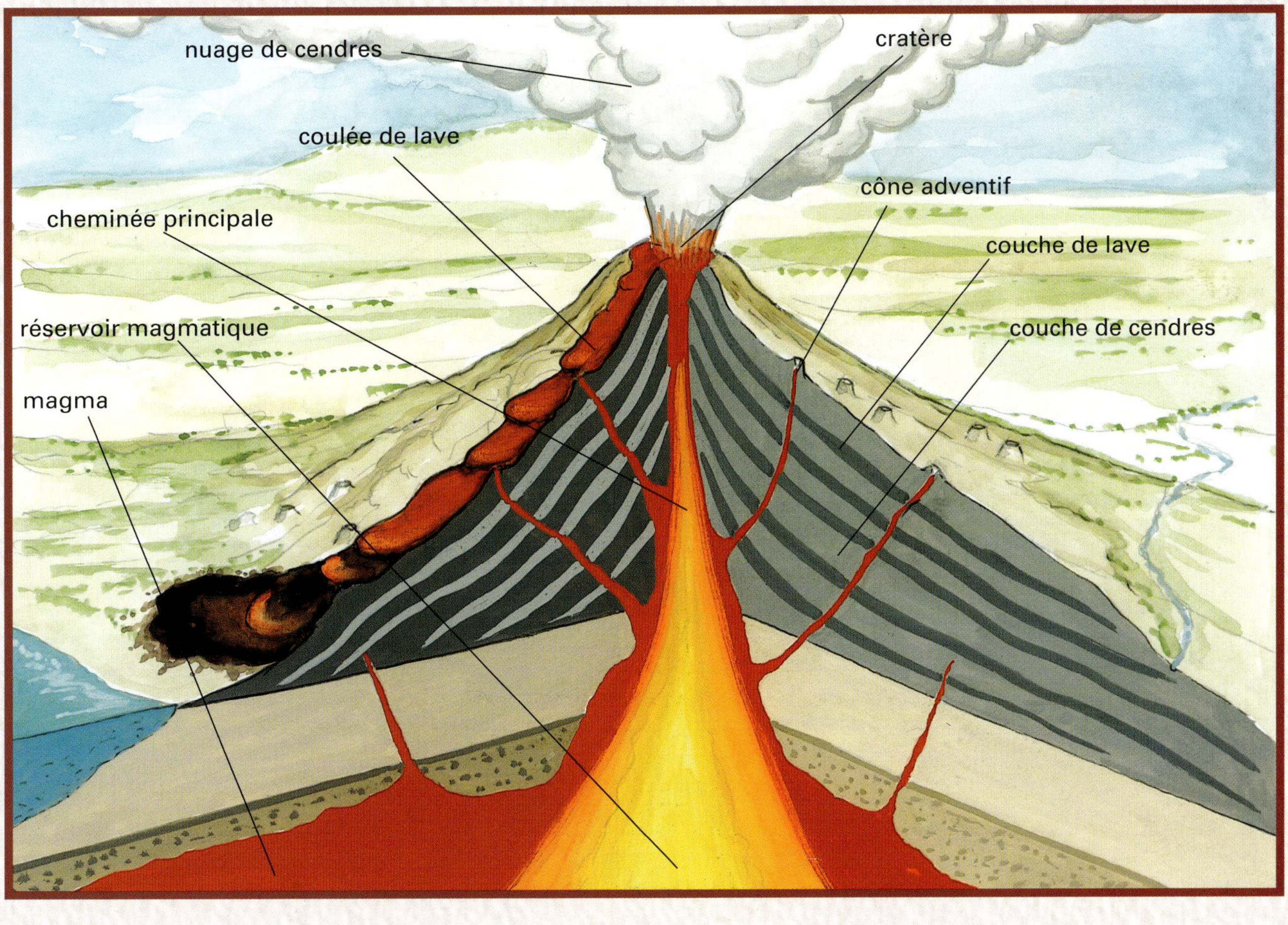

nuage de cendres

cratère

coulée de lave

cône adventif

cheminée principale

couche de lave

réservoir magmatique

couche de cendres

magma

Les pentes enneigées de l'Etna accueillent un domaine skiable équipé, entre autres, de pistes de ski de fond.

Les plus importantes éruptions enregistrées au cours de l'histoire sont au nombre de 135; bien évidemment, celles qui se seraient produites avant notre ère ne nous sont pas connues. Parmi les plus destructrices, rappelons l'éruption de 475 avant J.-C., de 396 avant J.-C., de 1329 et de 1381. En ces trois dernières occasions le magma arriva jusqu'à la mer. L'une des éruptions les plus désastreuses se produisit en 1699 et ensevelit partiellement Catane, et à cette occasion la lave alla dans la mer sur près d'un kilomètre. D'autres éruptions ont été enregistrées en 1809, 1811, 1819, 1843, 1852, 1865, 1879, 1883, 1886, 1892, 1899. Au XXe siècle se sont produites de nombreuses éruptions, souvent spectaculaires et d'une certaine durée: rappelons celles de 1908, 1910, 1911, 1917, 1923, 1928, souvent marquées par de graves dommages et destructions (Mascali). D'autres éruptions eurent lieu en 1942, 1947 et 1949; entre 1950 et 1951 se produisit l'une des plus longues éruptions du volcan. D'autres, souvent d'une certaine intensité, se sont produites en 1957-1958, en 1971, 1974, 1979 et 1983. C'est à cette dernière occasion que fut expérimentée pour la première fois la technique consistant à faire dévier le flux de la lave au moyen de charges explosives, afin d'assurer la sécurité de localités situées au pied du volcan et mises à dure épreuve par l'avancée d'immenses torrents de magma. Cette technique a été à nouveau utilisée, avec des résultats encore plus satisfaisants, lors de l'éruption de 1992, aussi longue que désastreuse.

ESCURSIONS

*L'un des itinéraires classiques de visite du volcan consiste à se rendre de Catane à **Nicolosi**, jusqu'à la maison cantonnière de l'Etna depuis laquelle l'on peut entreprendre la spectaculaire visite du cratère sous la direction de guides experts et en observant bien sûr scrupuleusement les plus élémentaires mesures de prudence et de bon sens, car la dernière partie du cratère présente un danger certain en raison de jets de matériaux pyroclastiques qui peuvent se produire à l'improviste. Une excursion particulièrement intéressante est celle qui, à partir du refuge Sapienza (1910 m.), permet de faire le tour complet du volcan, en passant par des villages intéressants et en admirant l'un des paysages siciliens les plus pittoresques et caractéristiques. L'on peut parcourir le même itinéraire en autobus ou en train, en empruntant la Ferrovia Circumetnea.*

ACIREALE

Acireale s'élève sur une pente étagée de nature lavique comprise entre les dernières extrémités de l'Etna et la côte ionienne. Elle est très connue pour ses sources thermales d'origine volcanique qui alimentent de modernes établissements de soins.

La **Cathédrale** date du XVIe-XVIIe siècle mais a été restaurée au XVIIIe siècle. La façade, du XIXe siècle, est de G.B. Basile et se caractérise par le beau portail en albâtre (XVIIe siècle). L'intérieur majestueux est riche en fresques sur la voûte d'arêtes et dans le chœur, elles sont l'œuvre d'artistes du XVIIIe siècle (Vasta et Filocamo).

Sur la place de la Cathédrale se trouvent le **Palazzo Municipale**, édifice de la seconde moitié du XVIe siècle caractérisé par son style typique du baroque catanais, et la basilique **Santi Pietro e Paolo** du XVIIe siècle qui se distingue par les lignes animées de sa façade, superbe du point de vue architectural grâce aux deux ordres, couronnés par des ornements et soulignés à la verticale par d'élégantes colonnes dont celles de l'intérieur sont jumelées.

Enfin, il ne faut pas négliger une visite à **Villa Belvedere**, le jardin public qui permet d'admirer un panorama remarquable sur l'Etna et sur la mer. Une promenade agréable, dans un très beau cadre le long des douces pentes de la "*Timpa*" permet d'atteindre le ravissant village de pêcheurs nommé **Santa Maria la Scala**.

Piazza del Duomo: la basilique Santi Pietro e Paolo du XVIIe siècle et, en bas, la façade de la cathédrale datant du XVIIIe siècle.
En haut, une des statues qui ornent la façade de l'église San Sebastiano.

ACI CASTELLO - ACI TREZZA

Il s'agit du premier centre significatif de la pittoresque *Riviera des Cyclopes,* qui s'étend au nord du chef-lieu au pied de l'Etna, et dont la population se consacre depuis des siècles à la pêche, pratiquée encore avec les méthodes traditionnelles. Relativement récemment, la localité a connu un développement remarquable comme station balnéaire et comme centre de séjours d'été, alors que dans les alentours la culture intensive des agrumes est prospère. Dans la seconde moitié du XIIe siècle, Aci fut rasée au sol par un désastreux séisme qui contraignit la population à s'abriter dans les localités voisines qui devinrent à leur tour des centres habités reconnaissables encore aujourd'hui à leur préfixe *Aci.*

L'élément le plus caractéristique est le **Château,** fondé par les Normands et construit sur une roche basaltique foncée. Il date de la seconde moitié du XIe siècle et se distingue par sa superbe position qui surplombe la mer.

Le petit village nommé ***Aci Trezza*** est connu pour avoir été le théâtre du célèbre roman de Giovanni Verga *I Malavoglia.* Il s'agit là aussi d'une agréable station balnéaire située dans un environnement extrêmement beau. A quelques centaines de mètres de la rive s'élèvent les structures basaltiques des **Faraglioni** ou "Rochers des Cyclopes" que la tradition identifie avec les pierres colossales que le cyclope Polyphème lança sur Ulysse. Le plus grand de ces rochers, connu jadis sous le nom de *Ile Lachea,* a été offert à l'Université de Catane, qui y a installé un centre d'études de physique marine et de biologie.

Vue panoramique de la côte d'Aci Castello et, en bas, une vue du port d'Aci Trezza.

Page ci-contre, Acireale, la façade baroque exubérante de l'église San Sebastiano.

CATANE

Piazza del Duomo: la fontaine de l'Eléphant et la façade de la cathédrale.

La ville s'étend à la limite supérieure du golfe homonyme, le long de la côte siculo-ionienne, dans un très beau cadre où l'Etna, toujours recouvert par la blancheur immaculée de la neige, fait une toile de fond qui contraste de façon vigoureuse avec l'azur intense du ciel et les couleurs vives des cultures d'agrumes.

La colonie chalcidienne de Catinon s'était installée sur des sites préexistants très anciens, implantés depuis la Préhistoire. Tombée par la suite sous la domination du syracusain Hiéron qui l'appela Aetna, Catane passa de nouveau dans les mains de ses fondateurs (461 avant J.-C.) qui lui redonnèrent son étymon d'origine. Au cours des siècles suivants, la ville connut diverses vicissitudes, liées au cadre politique instable de la Sicile de l'époque. Dans la seconde moitié du IIIe siècle avant J.-C., les Romains en feront tout d'abord une Civitas Decumana, puis une véritable colonie, et lui assureront une période relativement tranquille.

A partir du VIe siècle Catane tomba sous la domination des Ostrogoths, des Byzantins et ensuite des Arabes. Au XIe siècle, elle passa aux mains des Normands qui commencèrent à y construire des édifices tels que la Cathédrale. Catane passa ensuite sous domination des Souabes, puis des Aragonais qui édifièrent le Castello Ursino et firent de Catane leur résidence préférée.

En 1669, une terrible éruption de l'Etna recouvrit la ville d'une épaisse couche de lave qui arriva jusqu'à la mer. Trente ans plus tard, en 1693, un tremblement de terre catastrophique compléta l'œuvre destructrice du volcan, et imposa une nouvelle reconstruction qui donnera à la ville l'empreinte baroque qu'elle a de nos jours, fruit des choix opérés dans le tissu urbain par G.B. Vaccarini, interprète fidèle de la volonté du Duc de Camastra.

Au cours du XIXe siècle, Catane prit part aux luttes du Risorgimento qui culminèrent par l'adhésion au soulève-

Une vue de la fontaine de l'Eléphant par G.B. Vaccarini (1736), inspirée de la fontaine du Bernin qui se trouve à Rome sur la Piazza della Minerva.

La cathédrale, un détail de la façade par Vaccarini, avec une statue de sainte Agathe, patronne de la ville.

ment garibaldien. Gravement endommagée au cours de la Deuxième Guerre mondiale, Catane présente, de nos jours, un aspect fondamentalement moderne et dynamique quoiqu'elle conserve des témoignages considérables de la reconstruction baroque du XVIIIe siècle.

Située dans une position agréable, cette ville a une importance touristique remarquable, grâce aussi au fait qu'elle est proche de centres célèbres situés le long de la côte et de l'Etna qui, à côté de son intérêt naturel, acquiert une importance croissante comme pôle de sports d'hiver et d'excursions. Catane possède en outre un port très actif et une structure commerciale, industrielle et de services vaste et diversifiée qui peut rivaliser avec Palerme.

Cathédrale

Sur la Piazza del Duomo, elle constitue un lieu de suggestion raffiné et plein d'harmonie. L'édifice remonte au temps du roi normand Roger Ier (dernière décennie du XIe siècle). De cette construction, il ne reste que la partie postérieure à trois chevets et une partie du transept. En 1169, un terrible tremblement de terre fit s'écrouler une grande partie de l'édifice

normand qui fut reconstruit, mais fut à nouveau détruit par les terribles mouvements telluriques de 1693. La reconstruction qui suivit a donné la Cathédrale que nous la voyons aujourd'hui, construite d'après le projet de Fra' Girolamo Palazzotto et complété par l'admirable **façade** de G.B. Vaccarini. Chef-d'œuvre du baroque sicilien, la façade, réalisée au cours de la première moitié du XVIIIe siècle, présente deux ordres de colonnes: celles de l'étage inférieur sont antiques et faisaient probablement partie d'une construction préexistante.

L'**intérieur**, imposant et divisé en trois nefs, garde des aspects remarquables qui dérivent de la persistance d'éléments de l'architecture normande d'origine sur laquelle vinrent s'implanter les motifs de la restauration baroque. Le transept, qui date de la première édification normande, présente, aux extrémités, deux clochers inachevés, alors qu'au centre s'élève la coupole réalisée par Battaglia. Près du deuxième pilier à droite, se trouve le *Tombeau de Vincenzo Bellini* (1801-1835), un des enfants les plus illustres de la ville. L'abside droite accueille la **Chapelle Sant'Agata** fermée par une belle grille en fer forgé.

On peut y admirer le *Monument funèbre du vice-roi Ferdinando d'Acuña*, œuvre remarquable d'Antonello Freri.

Palazzo Municipale

Ce palais donne sur la Piazza del Duomo, caractérisée par la **Fontaine de l'Eléphant,** œuvre du XVIIIe siècle de G.B. Vaccarini qui surmonta par un obélisque égyptien un éléphant en pierre de lave sculpté pendant la période romaine. L'éléphant, connu par le peuple sous le nom de *Liotru,* devint le symbole de la ville aux pieds de l'Etna. Il fut restauré par Vaccarini en personne à la suite du tremblement de terre de 1693. Le **Palazzo Municipale** *(Hôtel de Ville)* est caractérisé par les admirables formes architecturales que lui donna Vaccarini dans la première moitié du XVIIIe siècle. A remarquer, le bossage du rez-de-chaussée, la répartition confiée aux parastates, les fenêtres à balcons de l'étage supérieur et le portail central flanqué de colonnes jumelées, soutenant la balustrade du balcon central.

Eglise San Nicolò

Edifice qui date du XVIIIe siècle et est considéré comme l'une des plus grandes constructions religieuses de la Sicile, l'église est caractérisée par sa **façade** puissante, inachevée, divisée par de colossales colonnes muti-

Deux vues de la Piazza Stesicoro avec les ruines de l'amphithéâtre romain, probablement du IIe siècle apr. J.-C.; à l'arrière-plan, la façade néoclassique de Sant'Agata alla Fornace.

Le Théâtre Bellini, inauguré en 1890, et, en bas, une vue des jardins de la Villa Bellini.

lées; le couronnement de la partie centrale de la façade en pierre de lave foncée, contraste avec la blancheur immaculée du reste.

L'*intérieur*, aux proportions considérables, est articulé en trois nefs divisées par des piliers imposants. Il se distingue par sa linéarité sobre et par l'absence totale de tout élément ornemental. Sur le plancher du transept se trouve un singulier *cadran solaire* avec les signes du Zodiaque, réalisé par Bertel Throwaldsen (première moitié du XIXe siècle).

Amphithéâtre romain

Au bord de *Piazza Stesicoro*, l'amphithéâtre, qui date du IIe siècle après J.-C., représente un témoignage significatif des édifices publics romains. La structure grandiose de l'ellipse était légèrement plus petite que celle du Colisée romain, ses gradins devaient accueillir jusqu'à 16.000 spectateurs. Tombé en ruines à partir du Ve siècle, il a toujours servi de réserve de matériel de construction pour la réalisation de nouveaux ouvrages publics. Sur la place, se dresse le *Monument de Bellini*, réalisé dans la deuxième moitié du XIXe siècle par G. Monteverde.

Thêatre romain

Les vestiges de ce théâtre romain remontent à la période impériale, lorsqu'il fut édifié sur le site d'un ancien théâtre grec du Ve siècle avant J.-C. On y accède par le portail d'entrée de l'édifice de la *Direction Générale des Beaux Arts* (Via Vittorio Emanuele 266) et on

peut y admirer la partie centrale de la cavea, les ambulacres et les restes de l'orchestre. Près du théâtre se trouvent les ruines de l'*Odéon*, sorte de théâtre mineur et lieu des répétitions des choristes.

Théâtre Bellini

Construction classique de la seconde moitié du XIXe siècle consacrée au grand compositeur catanais. Œuvre des architectes A. Scala et C. Sada, il se distingue par son splendide salon.

La structure grandiose du Château Ursino, fait construire par Frédérique de Souabe entre 1239 et 1250.

La Porte Garibaldi du XVIIIe siècle (autrefois Porta Ferdinanda) avec son alternance de bandes de calcaire et de pierre de lave.

La façade de l'Université, Palazzo dell'Università (XVIIIe siècle).

Château Ursino

Puissante construction à plan carré, ce château fut réalisé dans la première moitié du XIIIe siècle par Riccardo da Lentini qui le construisit pour Frédéric II de Souabe qui voulait protéger le littoral contre le danger des incursions des pirates et disposer d'une citadelle fortifiée à l'intérieur de la ville afin de mieux contrôler les émeutes populaires. L'édifice fut restauré une première fois au XVIe siècle puis après les dégâts causés par l'éruption de 1669.

Porte Uzeda

Située au début de **Via Etnea** - centre de la vie citadine, axe principal et lieu de rencontre des Catanais, riche en édifices d'une remarquable valeur architecturale -, la construction présente un aspect baroque caractéristique. Près de la porte, se trouvent le **Palazzo dell'Arcivescovado** et le **Palazzo Biscari**.

AUGUSTA

La petite ville d'Augusta, reliée à la terre ferme par des ponts, se trouve sur une île située dans le golfe homonyme. Ce toponyme remonte à la période impériale romaine, lorsque l'empereur Auguste y implanta une nouvelle colonie (Ier siècle avant J.-C.). Deux siècles avant cette date, la zone était peuplée par la colonie hellénique de *Mégara Hyblaia*, tombée en ruines à la suite des dévastations syracusaines et romaines. Augusta elle-même fut rasée au sol par les Sarrasins puis reconstruite par les Souabes (XIIIe siècle). Passée sous la domination des Aragonais, elle fut mise à l'épreuve au cours du XVIIe et du XIXe siècle par plusieurs séismes. La localité est connue pour le débarquement des Alliés au cours de la Dernière Guerre mondiale (juillet 1943). La ville possède des raffineries, des établissements industriels et un port commercial assez actif. Le *Château*, remontant à la période souabe (XIIIe siècle), a été affecté à lieu de détention. La *Cathédrale*, édifice qui date du XVIIe siècle, fut presque complètement reconstruite à la suite du tremblement de terre de 1693 et terminée dans la seconde moitié du XVIIIe siècle. Le *Palazzo Municipale* est caractérisé par les formes élégantes de la fin du XVIIe siècle. Digne d'intérêt, l'*Eglise baroque delle Anime Purganti* date du XVIIIe siècle. Dans le port, se trouvent encore les forts du XVIe siècle d'*Avalos*, *Garzia* et *Vittoria*.

MEGARA HYBLAEA

L'excursion aux **Ruines de Mégara Hyblaia**, *qui fut parmi les premières colonies helléniques de la Sicile, est à recommander. Ville fondée par les habitants de Mégara (VIIIe siècle avant J.-C.), elle fut florissante jusqu'en 213 avant J.-C., lorsqu'elle fut définitivement anéantie par les troupes romaines aux ordres de Marcellus. Il est difficile de comprendre la structure urbaine transmise par les fouilles, vu la superposition de la ville hellénique et de l'implantation archaïque primitive. Dans un* **Antiquarium** *sont exposés une partie des vestiges et des objets retrouvés au cours des fouilles archéologiques, mais la plupart des pièces archéologiques a été transportée au musée du chef-lieu. Parmi les vestiges les plus faciles à identifier figurent les ruines de l'*enceinte fortifié *qui datent de la période hellénique et celles de deux structures munies de tours. On a pu identifier l'*Agora, *entourée de traces de demeures de la période hellénique, avec des magasins et une cour qui devait avoir une colonnade en bois. Les traces des anciennes habitations du VIIIe siècle avant J.-C. sont encore visibles. Dans la partie supérieure de l'Agora on a localisé l'endroit où se dressait la Stoa (VIIe siècle avant J.-C.). Egalement dignes d'intérêt, les ruines d'un* **Sanctuaire** *de la période hellénique, d'un* **Temple** *dorique, probablement consacré au culte d'Aphrodite (IVe siècle avant J.-C.) et d'un* **Gymnasium**. *Enfin, citons les vestiges d'une grande* **Maison** *de la période hellénique dont on voit encore aujourd'hui la répartition des diverses pièces, et les ruines d'une structure destinée aux bains avec une installation de chauffage primitive, transformée par le Romains en four pour cuire les matériaux calcaires.*

Le pont qui débouche sur la Porta Spagnola (1681) par laquelle on entre dans la ville d'Augusta dominée par son château souabe (Castello Svevo).

SYRACUSE

*L*a ville s'étend sur la côte orientale de la Sicile, dans un cadre environnemental ravissant, composé par la rade pittoresque que délimite la **péninsule de la Maddelena** et l'**îlot d'Ortygie,** pratiquement relié à la terre ferme. Selon certaines sources fiables, des colons corinthiens y fondèrent, en l'année 734 avant J.-C., l'une des colonies les plus importantes de la Grande-Grèce. Les premiers établissements furent fondés sur l'îlot d'Ortygie qui devint le noyau originaire d'une expansion beaucoup plus ample des constructions et des monuments. Au cours de la période classique, Syracuse était pratiquement constituée par cinq noyaux urbains: Ortygie, Achradine, Tyché, Epipolis et Néapolis. Sa prospérité et sa puissance militaire augmentèrent rapidement et la ville devint rapidement l'un des pôles émergents de tout le bassin méditerranéen, allant jusqu'à battre les Carthaginois à Hymère (480 avant J.-C.) avec l'appui des Agrigentins. En 474 avant J.-C., les Syracusains, aux ordres d'Hiéron, eurent raison des Etrusques au cours de la bataille navale de Cumes qui limita l'expansion territoriale vers le sud de ce peuple. En 413 avant J.-C., ce seront les Athéniens qui feront les frais du pouvoir syracusain, vaincus et déportés dans les Latomies, la plupart des prisonniers connaî-

tront une fin terrible. Après plusieurs vicissitudes, à l'époque de la seconde guerre punique, la ville fut prise par la ruse par les Romains (212 avant J.-C.)
La puissance de Rome diminuant, Syracuse fut maintes fois mise à l'épreuve par les Francs, les Vandales et les Goths; réunie à l'Empire byzantin, (première moitié du VIe siècle), Syracuse accueillit la cour de Constant II qui y fut assassiné en 668. Occupée par les Arabes en 878, elle fut privée de l'important rôle administratif qu'elle avait joué jusqu'alors. Au cours de la seconde moitié du XIe siècle, elle fut conquise par les Normands puis par les Angevins et, après les Vêpres, par les Aragonais qui lui redonnèrent prestige et autorité. A la suite des accords d'Utrecht, Syracuse passa au Royaume de la Maison de Savoie et, par la suite, aux Autrichiens et aux Bourbons.
De nos jours, Syracuse est une ville d'art d'un extraordinaire intérêt archéologique, un important pôle touristique, une localité balnéaire et un centre d'activités commerciales et industrielles. La ville - en particulier dans l'île d'Ortygie - est caractérisée par l'aspect candide de ses constructions, par la beauté de son architecture médiévale et baroque, et par l'imposante présence des vestiges de son passé.

Page ci-contre:

Le bord de mer à proximité de la Fontaine Aréthuse.

Le petite église délabrée San Giovanni dont les souterrains abritent une vaste nécropole datant du IVe-Ve siècle. Sur la droite, la flèche du Sanctuaire de la Madonna delle Lacrime (à environ 95 m d'altitude) qui est visible en tout point de la ville.

Une vue du littoral le long de l'île d'Ortigie en direction du Château Maniace.

SANCTUAIRE DE LA VIERGE AUX LARMES

Le sanctuaire de la Vierge aux Larmes fut construit à partir de 1954 pour abriter un petit cadre en plâtre de la Vierge dont de vraies larmes s'étaient miraculeusement écoulées un matin au niveau du cœur et des yeux.
Le cadre qui appartenait à la famille Iannuso, dont la maison devint un lieu de pèlerinage, fut ensuite transporté dans le sanctuaire.

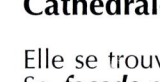

Cathédrale

Elle se trouve au point le plus haut de l'île d'Ortygie. Sa *façade* attribuée à A. Palma garde une empreinte profondément baroque. Elle donne sur un escalier, dans la centrale **Piazza del Duomo**, caractérisée par d'autres exemples d'architecture baroque. La verticalité de la façade est renforcée par les puissantes colonnes et présente une profusion de sculptures attribuées à Marabitti.

Dans l'Antiquité, à l'endroit de la cathédrale s'élevait le **Temple d'Athéna**, majestueux et fastueux, exemple grandiose de périptère dorique de la première moitié du Ve siècle avant J.-C. Au cours du VIIe siècle avant J.-C., pendant la période byzantine, le temple fut transformé en basilique chrétienne, selon une coutume déjà expérimentée pour le Temple de la Concorde à Agrigente. Les remarquables vestiges du temple sont encore visibles dans cette l'église, surtout depuis que les structures baroques qui les recouvraient ont été éliminées. L'**intérieur**, divisé en trois nefs, est caractérisé par un plafond en bois du XVIe siècle dans la nef centrale.

L'ILE D'ORTYGIE

Le bel îlot d'Ortygie, situé dans la rade naturelle, sépare les bassins du Porto Grande et du Porto Piccolo. Cœur de Syracuse, l'un des premiers établissements sicules auquel vinrent s'ajouter par la suite les colonisateurs corinthiens, l'îlot a été plusieurs fois un refuge et un rempart pour les habitants de toute la ville.

A droite, la façade de la cathédrale et, à gauche, détails de l'architecture de cette façade de style baroque.

Fontaine Aréthuse

Cette source d'eau douce très ancienne jaillit d'une grotte près de la mer, dans un cadre enrichit par la végétation touffue et par les souvenirs liés aux mémoires des auteurs de l'Antiquité classique. Pindare et Virgile reprennent les témoignages d'Ibycos qui, au VIe siècle avant J.-C., s'était déjà intéressé à cette source pittoresque où la mythologie a placé l'histoire d'Aréthuse et d'Alphée, au point qu'elle est devenue le symbole tangible de la ville.

Temple d'Apollon

Sur le fond de **Piazza Pancali** s'élèvent les ruines imposantes de ce temple, isolées du contexte urbain médiéval qui l'avait tenu caché jusqu'aux années Trente-Quarante. Ce temple est considéré comme l'un des périptères doriques les plus anciens de la Sicile (VIe siècle avant J.-C.).

Vue de la jolie Fontaine Aréthuse aux eaux légendaires.

Les puissantes ruines du Temple d'Apollon.

Page ci-contre: la Piazza Archimede avec, en son centre, la fontaine dédiée à Diane Chasseresse.

LA TERRE FERME ET LA ZONE ARCHEOLOGIQUE

De nombreux ruines des époques hellénique et romaine sont visibles dans la zone qui était autrefois occupée par les anciens quartiers d'*Achradine* et *Tyché*.

Gymnasium romain

Au cours de la seconde moitié du XIXe siècle les fouilles exhumèrent les ruines d'un édifice de la période romaine que l'on identifia de façon inexacte avec le gymnasium. La construction, qui date du Ier siècle après J.-C., était probablement un *Serapeum*, du moins dans sa première phase avant l'achèvement du bâtiment. Parmi les restes les plus intéressants, nous signalerons le **Quadriportique** surélevé et le **Théâtre**, avec une petite cavea tournée vers la scène qui forme également un de côtés longs du *Temple* en marbre.

Catacombes San Giovanni

L'ensemble hypogée du cimetière San Giovanni se trouve près de l'église homonyme, tombée en ruines à la suite du tremblement de terre de 1693 et reconstruite à l'emplacement d'une ancienne basilique du VIe siècle.

Musée Archéologique Régional

Ce musée, qui se trouvait dans un palais de Piazza Duomo à Ortygie, a été tout récemment aménagé dans un bâtiment ultramoderne édifié à l'intérieur du **Parc de Villa Landolina**. La collection muséographique, parmi les plus remarquables en Italie pour son importance archéologique, retrace la civilisation sicule et les différentes colonisations qui se sont suivies sur l'île, de la Préhistoire jusqu'à l'âge paléochrétien.

Théâtre grec

La scénographie de l'ensemble théâtral, qui compte parmi les plus grands et les plus suggestifs de l'Antiquité, s'inscrit dans les flancs rocheux du Col Temenite, avec la cavea tournée vers la plaine syracusaine ourlée par la mer.
Les origines du théâtre, réalisé par l'architecte Domocopos, remontent au Ve siècle avant J.-C. A l'époque d'Hiéron II (IIIe siècle avant J.-C.) la construction fut soumise à un remarquable travail de restauration et d'agrandissement qui en modifia la physionomie originelle. Jadis utilisé pour les représentations classiques et pour les assemblées publiques, le théâtre constitua le cœur de la vie syracusaine dès les temps les plus lointains. Sous les Romains (Ier-Ve siècle après J.-C.) l'édifice théâtral fut à nouveau modifié pour y donner des spectacles typiques du monde romain. Malheureusement, les dépouillements néfastes de la première moitié du XVe siècle - sous Charles V, la partie supérieure de la cavea et la scène furent démolies pour en faire du matériel de construction pour les fortifications d'Ortygie -, ont gravement et irrémédiablement altéré et endommagé l'identité structurelle de la construction.
La grande cavea, jadis formée de 67 ordres de gradins, s'est réduite à 46 ordres divisés en 9 secteurs. Elle était autrefois surmontée par un portique désormais écroulé dont on ne conserve aujourd'hui que bien peu de restes. Des études de nature archéologique confirment

l'hypothèse selon laquelle se trouvait ici le *Mouseion* qui a fourni de précieux témoignages au Musée Archéologique de la ville. Dans la partie centrale s'ouvre le *Nymphée,* sorte de grotte artificielle d'où jaillit une source qui faisait partie du système hydrique du théâtre.

Amphithéâtre romain

Il s'agit certainement du plus grand édifice de ce genre en Sicile. Construit probablement à partir du Ier siècle avant J.-C., il fut réalisé en proportions grandioses et largement creusé dans le roc. Son plan en ellipse et les affinités de sa structure avec celle du Colisée nous donnent une idée de l'importance que ces installations avaient pour les jeux de cirque et pour les combats de gladiateurs.

Château Euryale

Puissante structure de défense, il fait partie d'un ensemble d'édifices construit par Denys qui comprenait également les remparts (IVe siècle

Une vue de la nécropole des Grotticelli avec le "Tombeau d'Archimède" qui est en réalité un columbarium romain du Ier siècle de notre ère.

L'amphithéâtre romain, construit à partir du Ier siècle avant J.-C.

Vue des gradins du Théâtre grec.

L'autel d'Hiéron II construit au IIIe siècle avant J.-C.

Vue de l'intérieur de la grotte artificielle appelée
Oreille de Denys.

Page suivante:
l'Oreille de Denys vue de l'extérieur.

avant J.-C.). Les ruines que nous voyons aujourd'hui
sont le fruit des restaurations intervenues au cours de
la période byzantine.
Le château se dresse sur le haut plateau d'Epipoli, lieu
considéré très vulnérable dans l'Antiquité et préjudi-
ciable à la défense de Syracuse.

Autel d'Hiéron II

Il s'agit du plus grand autel hellénique de l'Antiquité.
Réalisé par Hiéron II vers le IIIe siècle avant J.-C., il a
une structure rectangulaire de 22,80 x 198 m. A
l'époque romaine on ajouta un portique tout autour
du bassin central. La partie taillée dans le roc est
conservée alors que les murs furent démolis au cours
du XVIe siècle par les Espagnols.

L'**Oreille de Denys**, *ainsi dénommée par le
Caravage, est une grotte en forme de pavillon
auriculaire qui révèle des qualités acoustiques
particulières. La légende raconte que le tyran
syracusain y enfermait ses ennemis dont il écoutait
les conversations de l'extérieur.*

Musée Archéologique de Syracuse: vase de fabrication italiote-sicilienne (IVe siècle avant J.-C.) représentant une Aphrodite au miroir; statuette d'Héraclès en marbre datant de 300 avant J.-C.; le sarcophage d'Adelphie (IVe siècle après J.-C.) découvert dans les catacombes San Giovanni.

PALAZZOLO ACREIDE

Importante localité d'intérêt archéologique, elle s'adosse aux Monts Hyblées, dans la vallée supérieure du fleuve Anapo. Son noyau actuel a été fondé au XVIIIe siècle. Dans les alentours se trouvait l'ancienne colonie syracusaine d'*Acrai* qui s'y était établie dès le VIIe siècle avant J.-C. Sur les pentes du proche **Colle Acremonte** s'étendent les considérables vestiges de la **Zone Archéologique**. Le **Théâtre**, découvert dans la première moitié du XIXe siècle, date du IIIe siècle avant J.-C. et, malgré ses dimensions réduites, est assez bien conservé. La cavea (en partie reconstruite) se compose de 12 ordres de gradins divisés en 9 secteurs. Près du Théâtre, à côté de l'Agora, nous trouvons le **Bouleuterion**, avec 6 ordres de sièges disposés en demi-cercle. Sur le site de l'**Acropole**, les ruines d'une structure archaïque qui remonte au VIe siècle avant J.-C. confirment l'hypothèse que le **Temple d'Aphrodite** se trouvait à cet emplacement.

Une vue de la cathédrale et, en bas, l'hémicycle du petit théâtre grec.

L'église ancienne de l'Annunziata, rebâtie au XVIIIe siècle, et détails de la lunette et des colonnes torses de la façade. La célèbre Annonciation *d'Antonello da Messina (1474), transportée dans la Galerie Régionale de Syracuse, fut peinte pour cette église.*

Le long des pentes au sud-est de la colline s'ouvrent deux carrières de pierres. La **Latomie de l'Intagliatella** est célèbre pour ses niches où sont disposées de petites plaques votives et un relief gravé dans la roche représentant des scènes sacrificielles et un banquet. Près de la **Latomie de l'Intagliata** on a retrouvé des hypogées et des catacombes de la période chrétienne et des habitations troglodytiques qui datent de l'époque byzantine. Les **Temples Ferali** sont en réalité des latomies ayant des aspects analogues aux précédentes latomies.

Le long des pentes orientales de l'Acremonte, se trouvent les **Santoni**, bizarres sculptures rupestres (IIIe siècle avant J.-C.) disposées le long d'une paroi rocheuse et pouvant se rapporter au culte de Cybèle.

Noto Antica, restes de fortifications sur le haut plateau de l'Alveria.

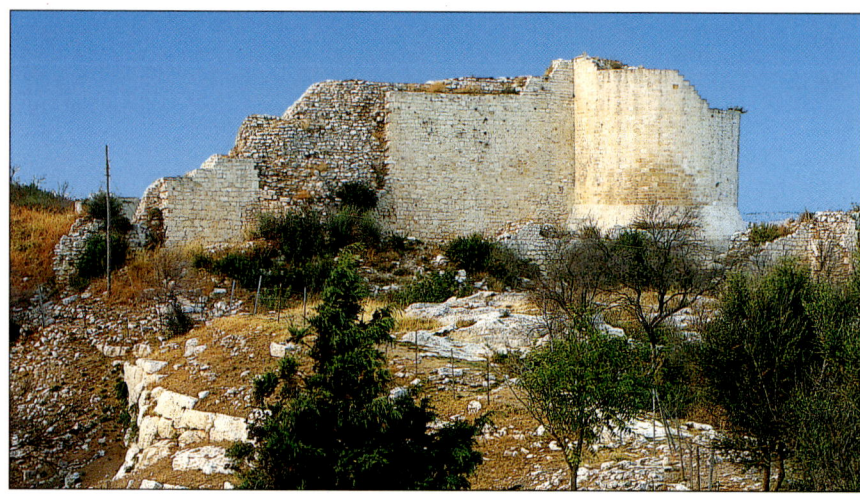

En bas, l'élégante façade du Palais Ducezio (hôtel de ville), sur la Piazza del Municipio.

NOTO

Entièrement reconstruite après le terrible tremblement de terre de 1693 par trois générations de maîtres d'œuvre - parmi lesquels figurent Rosario Gagliardi et son élève Vincenzo Sinatra -, Noto est un véritable joyau d'architecture baroque du XVIIIe siècle. Un "jardin de pierre", comme on l'a appelée, qui se distingue par l'uniformité de son style et des matériaux utilisés au cours des longues décennies de la reconstruction.

La cité primitive, ***Noto Antica***, semble avoir été construite sur un établissement sicule (IXe siècle avant J.-C. environ) - à l'abri des incursions grecques - sur les hauteurs de l'Alveria dans les Monts Iblei, un haut plateau enserré de profonds ravins habité dès l'époque préhistorique. Anéantie par le séisme de 1693, elle a été reconstruite plus loin, sur le Meti.

Parmi les vestiges grecs, rappelons les remparts hellénistiques, les ruines du *Gymnasium* et des lieux de culte des morts héroïsés (*heroa*). De l'antique *Netum* romaine, il ne demeure que très peu de traces. Il faut attendre l'époque arabe pour entendre parler de la construction d'une citadelle imprenable et d'une période de reprise économique durant laquelle Noto fut le chef-lieu de la Val di Noto qui, avec la Val di Mazara et la Val Demone, était une des trois grandes vallées du découpage administratif de l'île imposé par les Arabes. C'est à une période posté-

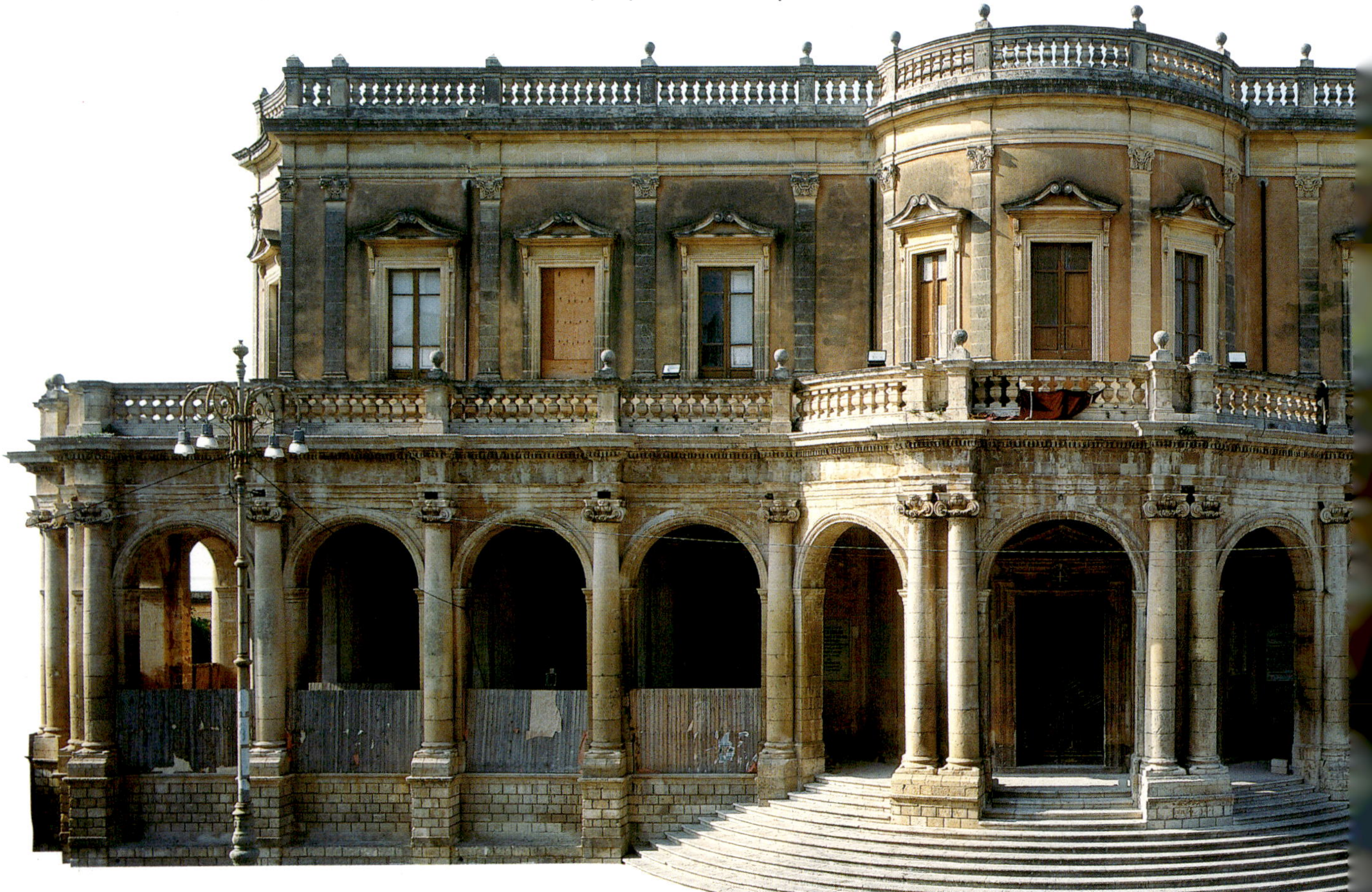

rieure qu'appartiennent le **château** (XVe siècle) et
d'autres éléments fortifiés. La ville resta florissante du
point de vue économique et culturel pendant longtemps au point de mériter le titre d'*Urbs ingeniosa* qui
lui fut donné par Ferdinand le Catholique en 1503.
Noto a été rebâtie à 15 km de son ancien emplacement, plus près de la mer et jouit d'une large vue sur la
côte ionienne. Le cœur de la ville est le Corso Vittorio
Emanuele sur lequel donnent les principaux édifices et
les façades au style imposant mais souple des églises.
D'est en ouest, on trouve la piazza XXX Ottobre où
l'on peut admirer, en haut d'un grand escalier, l'église
San Francesco all'Immacolata, due à Vincenzo Sinatra, et, à côté, le **Convento del SS. Salvatore**;
deux monuments qui forment un ensemble spectaculaire. Le couvent, auquel appartient la belle Tour
du Belvédère avec son clocher élancé, est remarquable
pour l'élégance de sa façade du XVIIIe siècle rythmée
par deux ordres de lésènes et par treize fenêtres aux
balcons bombés en fer forgé. Le **Museo Civico**, attenant au couvent, réunit des pièces découvertes à Noto
Antica dont de nombreux éléments provenant d'un
sanctuaire consacré à Déméter, déesse de la fertilité vénérée dans les anciennes cités rupestres. Sur la grande
Piazza del Municipio se dresse la **Cathédrale**. Terminée
en 1770, elle fut sans doute bâtie d'après des plans de
Rosario Gagliardi et possède une grande façade remarquable pour ses éléments classique: flanquée de deux
clochers, elle domine la place du haut d'un escalier
spectaculaire à trois rampes. Près de la cathédrale se
tiennent le Palazzo Vescovile (Evêché) et le Palazzo
Landolina. Sur le côté du Corso s'élève la célèbre Salita
Nicolaci, des escaliers dont les marches sont recou-
vertes chaque année d'un tapis de fleurs pour la grande
"Infiorata" de mai; ils culminent sur la façade incurvée
de l'église de **Montevergine** qui donne sur la Via
Cavour.

Le Palais Nicolaci Villadorata, détails des balcons du plus pur baroque.

En face de la cathédrale, le **Palazzo Ducezio** (Mairie) aux formes classiques est dû lui aussi à Vincenzo Sinatra. En continuant vers l'ouest, on trouve l'église **San Carlo** et, donnant sur le Corso, l'église qui est considérée comme un chef-d'œuvre du baroque: **San Domenico**, par Rosario Gagliardi, dont la façade convexe est rythmée par deux ordres de colonnes. Parmi les nombreux palais de Noto, signalons le **Palazzo Nicolaci Villadorata**, sur la Salita Nicolaci, qui est l'exemple parfait des résidences nobiliaires siciliennes et sans doute le plus spectaculaire de la ville avec ses balcons exubérants en fer forgé aux consoles sculptées de figures zoomorphes et anthropomorphes.

Vue de la coupole de la cathédrale sous son aspect d'origine, avant son effondrement en 1996.

L'imposante façade du XVIIIe siècle de la cathédrale de Noto consacrée à saint Nicolas.

La façade inachevée de l'église Santissimo Crocifisso au beau portail baroque, dans la ville haute (Noto Alta).

L'église Montevergine qui clôt la perspective ascendante des escaliers de la Salita Nicolaci.

Vue aérienne de la ville avec, au milieu, la cathédrale.

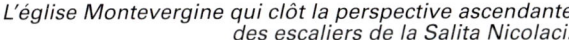

*Trois beaux exemples d'églises baroques du
XVIIIe siècle précédées d'escaliers
monumentaux.*

*Ci-dessus, Noto, la position scénique de l'église
San Francesco all'Immacolata et du Convento del
SS. Salvatore.*

*Page ci-contre, Modica, l'église San Pietro vue d'en haut et,
dessous, l'église San Giorgio.*

MODICA

Le grand centre, situé tout près du chef-lieu, est articulé sur deux niveaux: *Modica Bassa* et *Modica Alta*. Ville d'ancienne fondation aux origines gréco-sicules, Modica fut florissante à l'époque romaine sous le nom de *Motyka,* puis fut appelée *Mohac* par les Arabes qui l'occupèrent vers le IXe siècle.

La superbe église **San Giorgio** (Cathédrale) date de la première moitié du XVIIe siècle mais fut reconstruite intégralement au XVIIIe siècle. La magnifique façade à trois ordres donne sur un escalier imposant d'un magnifique style baroque sicilien.

L'ordre supérieur fut terminé au cours de la première moitié du XIXe siècle. L'extérieur rappelle l'église homonyme de Ragusa. L'intérieur, à croix latine, est divisé en cinq nefs et présente, dans la partie absidale, un splendide polyptyque du XVIe siècle, probablement de l'école d'Antonello da Messina.

L'église **San Pietro**, à l'origine du XIVe siècle, présente des traits du XVIIIe siècle suite à une restauration après plusieurs séismes survenus au XVIIe siècle. La magnifique façade baroque à double ordre donne sur un escalier monumental, délimité par une grille en fer forgé ornée de belles statues. L'intérieur est divisé en trois par des colonnes majestueuses coiffées de chapiteaux corinthiens splendides.

RAGUSE

La ville se dresse sur les pentes méridionales de la montagne Iblea, dans une zone caractérisée par un relief complexe qui comprime les deux centres principaux Raguse et Ibla au milieu de profondes dépressions creusées par les torrents S.Leonardo et S.Domenica. Des études de nature archéologique et la présence d'anciennes nécropoles creusées dans le roc soutiennent la thèse selon laquelle le lieu était habité dès l'âge du Bronze. C'est certainement ici que fut fondée l'agglomération sicule de Hybla Heraea, qui établit ensuite des relations avec des colons grecs provenant de Camarina, centre fondé par les Syracusains. Très peu d'informations nous sont parvenues au sujet de la romaine Hibla qui fut très probablement rasée au sol par les Vandales. Reconstruite par des colons dalmates provenant de Raguse qui lui donnèrent le nom de leur patrie d'origine (VIIe siècle après J.-C.), elle fut renforcée par des murs d'enceinte à l'époque byzantine pour faire face aux nombreuses incursions des pirates sarrasins. Dans la première moitié du IXe siècle, Raguse tomba sous domination arabe. Avec l'arrivée des Normands, elle fut nommée Comté et, un siècle plus tard, ce comté comprenait également Modica. Inféodée aux Chiaramonte, elle passa ensuite aux Aragonais et aux Henriquez. Très endommagée par le séisme de 1542, et presque détruite par celui de 1693, son aménagement urbain connut des transformations profondes. En 1865, sous le nom de **Ragusa Ibla**, une unité administrative comprenant la partie ancienne du centre urbain, fut constituée; dans le même temps, la partie nouvelle, appelée Ragusa Superiore, se développait. La Raguse de nos jours se compose de deux centres urbains distincts; près de la hauteur orientale se perche Ibla, qui présente des caractéristiques topographiques et urbaines d'origine médiévale évidente. A l'ouest s'étend Raguse, caractérisée par sa modernité et par sa régularité planimétrique.

Vue panoramique de la colline de Ragusa Ibla, première cellule de Raguse, que domine l'église San Giorgio.

Cathédrale

Puissante construction du XVIIIe siècle consacrée à Saint Jean-Baptiste, elle domine la place San Giovanni Battista, délimitée par une balustrade en marbre, dans la partie la plus récente de la ville. La *façade* est très élégante et se compose de deux ordres. De puissantes colonnes, surmontées de chapiteaux ornés, la divisent en largeur. A droite et à gauche du portail principal se trouvent de petites colonnes jumelées cannelées qui soutiennent un ornement architectural baroque, très riche en figurations sculpturales. A côté de la façade se dresse le clocher qui se termine par une structure élancée. La croisée est dominée par la coupole en appui sur un tambour polygonal. L'*intérieur*, de type basilical, est divisé en trois nefs. Dans les nefs latérales on trouve des chapelles du XIXe siècle ornées de beaux stucs.

Eglise San Giorgio (Duomo)

Chef d'œuvre du baroque du XVIIIe siècle, sa coupole néoclassique domine le quartier d'Ibla. Le projet de cette église fut dessiné par R. Gagliardi; elle fut terminée en 1775. La *façade* scénique donne sur un escalier et se caractérise par un triple ordre divisé à la verticale par des colonnes et orné de motifs sculpturaux et fleuris. Considérée comme l'une des plus belles constructions religieuses de cette partie de la Sicile, cette église possède un *intérieur* divisé en trois séparé par des piliers.

L'élégante façade du XVIIIe siècle de l'église San Giorgio.

Eglise San Giuseppe

Cette construction d'Ibla, œuvre de l'architecte Gagliardi, est également caractérisée par les ornements de la façade baroque qui rappellent des motifs qu'on retrouve dans l'église San Giorgio. L'*intérieur*, au singulier plan elliptique, propose des motifs typiques du XVIIIe siècle. Parmi les différentes œuvres d'art, le simulacre de saint Joseph auquel l'église est consacrée.

Eglise Santa Maria delle Scale

Située dans la partie la plus orientale de Raguse, son nom dérive de l'escalier spectaculaire qui mène à l'église **Santa Maria dell'Itria** (XVIIIe siècle). Santa Maria delle Scale date du XVe siècle mais a été en grande partie reconstruite à la suite du tremblement de terre de 1693, tout en gardant certaines structures originales du premier édifice, parmi lesquelles le clocher, le portail et une partie de la chaire. L'*intérieur*, à nefs dans le style gothique-Risorgimento, garde, dans une chapelle restaurée en 1500, un bas-relief en terre cuite représentant une *Dormitio Virginis* dans le style des Gagini.

Le Palais de la Chancellerie du XVIIIe siècle, détail du portail gothico-catalan (XVe siècle) de l'Ancienne église San Giorgio, dans la lunette un bas-relief représente saint Georges tuant le dragon, et une vue de l'église Santa Maria delle Scale.

Palais Donnafugata

Parmi les témoignages les plus remarquables de la construction du XVIIIe et XIXe siècle, il conserve la *Collection privée du Baron Arezzo*.

Musée Archéologique Ibleo

Construit dans les années Soixante au rez-de-chaussée de l'Hôtel Mediterraneo, ce musée archéologique conserve des pièces retrouvées dans le territoire de la province, rangées selon des critères topographiques et chronologiques.

La **Section I** est consacrée aux objets concernant l'archéologie préhistorique avec des vestiges allant du Paléolithique à l'âge du Bronze. A voir la documentation concernant le *Facies del Castelluccio*.

La **Section II** conserve des pièces découvertes près de l'établissement hellénique de Camarina, avec beaucoup de mobilier funéraire des anciennes nécropoles, des objets en terre cuite, une briqueterie du Ve-IIIe siècle avant J.-C. et des céramiques gréco-romaines.

Dans la **Section III** sont exposés des objets appartenant aux établissements sicules de la période archaïque et de la période classique et, plus particulièrement, ceux de Mont Casesia, et des objets retrouvés dans les nécropoles de Rito et Castiglione.

La **Section IV** abrite des trouvailles mises au jour dans les établissements helléniques, à voir celles provenant de Scornavecche et la fidèle reconstruction d'un atelier de céramique, réalisé en utilisant des matériaux d'origine.

Dans la **Section V** sont rangés les témoignages appartenant aux établissements à partir de la période romaine; très intéressants, les décors en mosaïque d'un lieu de culte paléochrétien retrouvé à Santa Croce Camarina, les objets provenant de Caucana et les inscriptions de Comiso.

Dans la **Section VI** sont gardés des objets d'origine diverse.

Quelques exemples de la maîtrise qui caractérise les éléments décoratifs baroques de deux édifices civils: le Palais Cosentini et, au centre, le Palais de la Chancellerie.

RAGUSA IBLA

La vieille ville de Raguse - fondée sur la colline d'Ibla dès le IIIe millénaire avant J.-C. - mérite une attention particulière. Non seulement elle réunit les monuments les plus importants de la ville mais elle a l'avantage d'avoir conservé, malgré le tremblement de terre de 1693, un tissu médiéval que l'on peut encore admirer dans ses aspects les plus pittoresques. On y trouve en effet encore l'ancienne rue principale de la ville médiévale qui coupe la Piazza del Duomo ainsi que des témoignages artistiques de valeur qui furent épargnés par le terrible séisme; comme le portail gothique-catalan de l'Ancienne église S. Giorgio, celui d'époque souabe de l'église S. Francesco all'Immacolata et celui de style gothique de l'église S. Antonio. Dans le panorama de Ragusa Ibla, parmi les œuvres de Rosario Gagliardi, le Duomo, consacré à saint Georges, se distingue par l'élégance de son architecture.

CAMARINA

Les ruines de la ville fondée par les Syracusains au VIe siècle avant J.-C., puis rasée au sol par les Romains au cours du IIIe siècle avant J.-C., se trouvent près de la côte. Parmi les restes les plus significatifs figurent les *murs d'enceinte* de l'époque de Timoléon et les restes de l'*Athenaion*, le majestueux temple consacré à Athéna. Parmi les demeures les plus remarquables, citons les ruines de la *Casa dell'Altare* (Maison de l'Autel), de la *Casa dell'Iscrizione* (Maison de l'Inscription) et de la *Casa del Mercante* (Maison du Marchand).

VITTORIA

Grand centre rural et industriel, Vittoria est située sur une pente dominant la vallée de l'Ippari. Fondée au XVIIe siècle par les familles Colonna-Henriquez, elle présente une physionomie urbaine caractéristique du XVIIIe siècle.
L'église *San Giovanni Battista* date des premières années du XVIIIe siècle. L'imposante façade se développe verticalement; l'intérieur de la basilique est enrichi de stucs, de marbres et de dorures.
Le *Théâtre Municipal* se distingue par sa fastueuse façade néoclassique à deux ordres ornée de colonnes et de sculptures.
L'église *Sainte Marie delle Grazie* est une reconstruction de la seconde moitié du XVIIIe. On remarque l'élégante façade à trois ordres avec une horloge centrale, le maître-autel du XVIIIe siècle et les sculptures.

Les fouilles de Camarina où l'on a dégagé une partie des murs d'enceinte et un temple dédié à Athéna.

L'église Madonna delle Grazie et le théâtre de Vittoria.

GELA

Importante ville industrielle et commerciale située à l'embouchure du fleuve homonyme, sur la côte méridionale de la Sicile; elle attire un tourisme de type balnéaire. Elle est aussi connue pour les usines du centre pétrolchimique de l'ANIC. Avec des établissements qui remontent à la Préhistoire, cette ville, d'origine dorique, fut construite par des colons venus de Rhodes et de Crète (VIIe siècle avant J.-C.). Détruite au Ve siècle avant J.-C. par les milices carthaginoises, elle fut reconstruite un siècle plus tard par Timoléon. Au cours du IIIe siècle avant J.-C. la ville fut rasée au sol par les Mamertins et elle tomba dans l'oubli jusqu'à la première moitié du XIIIe siècle quand, sous Frédéric II, naissait Terranova. C'est en 1928 qu'elle reprendra son ancien nom. A l'occasion du Vendredi Saint s'y déroule une pittoresque représentation de la Passion.

Dans la partie orientale de la ville, à l'emplacement de l'ancienne acropole, les fouilles ont dégagé les ruines du **Quartier Timoleonteo**, (IVe siècle avant J.-C.) bâti au-dessus de constructions bien antérieures. Au-dessous, dans le **Parco della Rimembranza** (Parc du Souvenir) on peut voir le soubassement et les ruines d'un ensemble de temples doriques du Ve siècle avant J.-C. et du plus ancien Temple d'Athéna (VIe siècle avant J.-C.). Il s'agissait probablement d'un périptère dont il reste quelques traces et le socle; les précieux ornements en terre cuite découverts sur place ont été transportés au Musée de Syracuse. Près de là, du belvédère, on admire une vue panoramique qui s'étend sur la plaine de Gela.

Dans cette zone se trouve également le **Musée Archéologique** où sont conservés les remarquables témoignages retrouvés sur le territoire et dans les alentours.

Dans la **Section I**, consacrée aux pièces de la Préhistoire et de l'époque archaïque, on voit une *Protomé de Cheval* en terre cuite datant du Ve siècle avant J.-C.

Dans la **Section II** sont conservés les objets provenant des sanctuaires de la zone et de l'acropole. A remarquer, une statuette en terre cuite représentant Déméter et des petites statues d'Athéna assise.

La **Section III** accueille des pièces provenant d'anciens établissements situés en dehors de l'acropole, des objets manufacturés en céramique et divers fragments (VIIe siècle-IVe siècle avant J.-C.).

Dans la **Section IV** on trouve des objets qui remontent à la ville du IVe-IIIe siècle avant J.-C. ainsi que des pièces du Cap Soprano, des témoignages épigraphiques et des anciens graffiti sur céramique (VIe-Ve siècle avant J.-C.).

La **Section V** présente des documentations provenant des sanctuaires situés en dehors des murs de la ville et des urnes en terre cuite du Ve siècle avant J.-C.

Dans la **Section VI** on trouve des pièces archéologiques funéraires provenant des nécropoles grecques.

La **Section VII** est consacrée aux objets découverts dans la région ou ayant une relation avec la zone archéologique de Gela.

La **Section VIII** documente la ville à l'époque Paléochrétienne et Médiévale.

Les fouilles dans la zone archéologique datant du IVe siècle av. J.-C.

Dans la **Section IX** on trouve des collections privées, des objets en terre cuite et des vaisselles d'origine attique. Le Musée conserve aussi une *collection numismatique* de valeur avec des monnaies siciliotes et athéniennes.

On peut voir encore des traces de l'ancienne ville près du **Cap Soprano** où sont situés les vestiges, très bien conservés, de **fortifications** du Ve et du IVe siècle avant J.-C. Celles-ci furent restaurées sous Timoléon, au IVe siècle avant J.-C. et sont construites avec des blocs en pierre dans la partie inférieure et des briques crues dans la partie supérieure. En observant la disposition des ruines, on peut déduire l'organisation originelle de l'ensemble qui comprenait un certain nombre de tours alternées aux chemins de ronde. Pas très loin se trouvent les ruines des **bains grecs** (IVe siècle avant J.-C.) qui mettent en évidence le système de vasques pour les immersions et les techniques utilisées pour réchauffer l'eau. A voir, sur la Piazza Centrale Umberto Primo, l'**Eglise Mère** du XVIIIe siècle dont la façade est néoclassique. Au nord de Gela se trouve le **Lac del Disueri**, bassin artificiel pour irriguer la plaine située au-dessous. Sur les reliefs qui l'entourent on a retrouvé des tombes sicules à four qui faisaient partie d'une vaste nécropole préhistorique. Des ruines datant du IVe siècle avant J.-C. qui appartiennent à un établissement de populations indigènes ont été découvertes non loin de là, sur le **Mont Bubonia**.

Page ci-contre: Musée Régional Archéologique: un vase représentant Thésée qui tue le Minotaure (470-460 avant J.-C.); une statuette provenant de l'acropole de Géla et une antéfixe silène en terre cuite (Ve siècle avant J.-C.).

Musée Régional Archéologique: un vase à figures noires découvert dans l'acropole de Géla; la superbe protomé de cheval en terre cuite du Ve siècle avant J.-C. et une antéfixe en tête de Gorgone.

CALTAGIRONE

Construite sur une hauteur (600 m d'altitude) qui domine tout le paysage alentour, Caltagirone porte dans son nom - qui est probablement d'origine arabe (*Aqal'at al Gha Rom*, Colline des vases) - la raison même de son existence car elle fut fondée sur des bancs d'argile dès l'époque préhistorique. La tradition millénaire de la poterie à Caltagirone est attestée par de nombreuses trouvailles archéologiques et n'a cessé de s'enrichir au fil des siècles grâce aux apports d'autres cultures. Les Crétois, qui étaient en commerce avec les Sicules, introduisirent le tour de potier vers l'an 1000 avant J.-C. en Sicile. Pour leur part, les Arabes influencèrent le style de la céramique dans le mariage des couleurs et le choix des motifs décoratifs, et sont à l'origine de son emploi en architecture. Puis, on vit intervenir les Vénitiens et les Savonais. Grâce à la colonie de Catalans qui habitaient la ville au XVIe siècle, Caltagirone connut une saison artistique florissante à laquelle contribuèrent Antonello da Messina et la famille Gagini; une période qui porta la diffusion de la céramique de Caltagirone à son faîte. Un apport fondamental fut la création de l'*Institut d'Art de la Céramique*, fondé en 1918 par Don Luigi Sturzo adjoint au maire de l'époque. Le *Musée Régional de la Céramique*, créé en 1965, réunit des exemples de la production céramique sicilienne, de la préhistoire jusqu'à nos jours; en raison du caractère complet de sa documentation, c'est le deuxième musée italien de ce genre après celui de Faenza.

Parmi les domaines d'application de la céramique, les personnages de crèche et les carreaux décorés méritent une attention toute particulière.

En haut, Institut d'Art de la Céramique: le fronton en majolique réalisé dans les années 1950-60.

Panorama de Caltagirone qui, vue d'en haut, a la forme d'un aigle aux ailes déployées. L'aigle est d'ailleurs l'emblème de la ville.

Ci-dessus, Santa Maria del Monte: le décor en céramique sur la place évoque la donation à l'église mère d'une cloche (dite "d'Altavilla"), trophée de la victoire remportée par les Normands et les Génois sur les Sarrasins à la bataille de Judica.

Ci-dessous, Galerie Luigi Sturzo (ancien Palais du Sénat): la Bataille de Judica illustrée dans un grand panneau de céramique (82 m²).

Le célèbre Escalier de Santa Maria del Monte, avec ses 142 marches décorées de majoliques.

En bas, le profil du superbe balcon du Jardin Public donnant sur la Via Roma, décoré de vases et de pommes de pin en céramique.

De nombreux exemples de *crèches* des XVIIIe et XIXe siècles sont présentés dans des collections privées et au Musée de la Céramique; il en existe également au British Museum de Londres. Les figurines, réalisées en fines couches d'argile par les "santari", étaient destinées à recréer les scènes, parfois savantes, de la Nativité sur le modèle des célèbres crèches napolitaines. Autrefois, les sols des édifices de la ville étaient faits de superbes *carreaux de céramique* polychromes; souvent détruits lors de travaux de rénovation, ces carreaux attirent aujourd'hui l'attention des connaisseurs et leur production est en forte reprise depuis quelques années.

Parmi les magnifiques éléments en céramique qui ornent l'intérieur de l'église **Santa Chiara** figure un sol qui a été refait sur le modèle de l'ancien. Parmi les ateliers les plus célèbres de Caltagirone, signalons celui de Benedetto Ventimiglia dont la maison donne sur la Via Roma avec sa célèbre **Balconata Ventimiglia** (magnifique balcon en céramique polychrome) et l'atelier des Vella, auteurs des splendides

décorations des chapelles funéraires du **Cimetière Monumental**.

La visite de la ville est un merveilleux voyage au milieu des couleurs féeriques du mobilier urbain. Le symbole de la ville est la **Scala di Santa Maria del Monte**, un long escalier construit au XVIIe siècle pour réunir la ville haute et le Piano di S. Giuliano qui était alors le cœur de la ville. Elle compte 142 marches, toutes décorées de carreaux de céramique polychrome, sur lesquelles ont peut lire l'évolution des styles du XIIe au XXe siècle. Ce superbe escalier accueille tous les ans la célèbre **Luminaria**: 4000 bougies dans leur coupelle de papier coloré composent un tableau flamboyant dont les dessins changent chaque année. Au sommet de l'escalier se dresse l'ancienne église mère **Santa Maria del Monte**, probablement normande à l'origine, dont la façade a été refaite dans le style du XVIe siècle finissant après le tremblement de terre de 1693. À l'intérieur, on admire la *Madonna di Conadomini* peinte par un artiste de l'école de Lucques au XIIIe siècle. La visite de la vieille ville commence avec le **Jardin Public** réalisé au XIXe siècle par G.B. Filippo Basile où l'on peut admirer du mobilier en majolique et un spectaculaire balcon décoré qui donne sur la Via Roma. Pour arriver au Musée Régional de la Céramique, on traverse le **Teatrino**, un belvédère raffiné datant du XVIIIe siècle d'où la vue embrasse l'Etna et la côte ionienne; construit sur deux étages communiquants, il est agrémenté de balcons ornés de vases colorés et de panneaux en céramique. Autre merveille de Caltagirone, le **Ponte di San Francesco** fut construit pour relier la vieille ville aux nouveaux quartiers du XVIIIe siècle et est, lui aussi, décoré de majoliques qui reproduisent les armes de la ville. Exemple exubérant de décoration, **San Pietro** est une église du XIXe siècle avec, en façade, des éléments inspirés du gothique revêtus de majoliques polychromes. Le contraste est frappant avec l'austérité de l'ancienne prison bourbonienne, construction imposante à plan carré qui abrite actuellement deux musées: le **Museo Civico** et la **Pinacoteca**. Parmi les nombreux monuments rebâtis après le séisme de 1693, la **Cathédrale San Giuliano** est de ceux qui ont subi le plus de modifications. Dressée sur le Piano S. Giuliano, elle fut construite à l'époque normande avec de gros blocs de grès mais fut réorientée à 180 degrés au

La façade harmonieuse à deux ordres de l'église Santa Maria del Monte, l'ancienne église mère, dressée sur la plus haute colline de la ville.

L'église San Giuliano et le Monte di Prestamo (1783), actuellement siège de la banque Banco di Sicilia.

San Giorgio, église-forteresse construite par les Génois venus en aide de Caltagirone pour la délivrer des Sarrasins (XIe siècle).

Ci-dessous, église San Pietro, la façade néogothique avec son parement de majoliques bleues, vertes et jaunes.

XVIe siècle pour répondre au nouvel aménagement urbain. Sa façade qui, comme la coupole, fut restaurée après le tremblement de terre, a été rénovée au début du XXe siècle dans un style "floral": c'est un exemple rare de style Art Nouveau dans l'architecture religieuse. Le clocher date de 1954.

Certains monuments furent épargnés par le séisme de 1693, comme la **Corte Capitaniale** - ancienne Capitainerie de Justice -, un édifice de style Renaissance dû aux Gagini. Non loin de là, le **Monte di Prestamo** (aujourd'hui siège de la banque Banco di Sicilia), est un bel exemple d'architecture néoclassique de la fin du XVIIIe siècle.

Le "Teatrino": des balcons supérieurs on entre dans le Musée Régional de la Céramique.

La riche façade de l'église San Francesco all'Immacolata, avec la statue de la Vierge et les symbole mariaux (la palme, le cèdre, la porte, la tour de David).

Une vue du Pont San Francesco, avec le Palais Sant'Elia dans le fond.

Une vue de la ville que domine la cathèdrale.

PIAZZA ARMERINA

Parmi les centres touristiques les plus importants, malgré sa position interne, la ville s'étend sur une arête des Monts Erei, dans un cadre naturel de qualité et près d'une vaste zone d'un grand intérêt archéologique, vu la présence d'une des plus belles villas romaines qui nous soient parvenues. Autrefois connue sous le nom de *Platio,* agrandie pour les besoins des milices lombardes (ce qui en expliquerait son nom), la ville existait déjà à une époque antérieure à la colonisation romaine, quand elle était connue comme *Ibla,* ainsi que le confirment des sources qui nous sont parvenues. A l'époque médiévale, elle traversa des vicissitudes diverses, parmi lesquelles une destruction dans la seconde moitié du XIIe siècle perpétrée par Guglielmo il Malo. Ensuite, Piazza Armerina rivalisa longtemps avec Enna pour obtenir le siège épiscopal qui ne lui fut accordé que dans la première moitié du XIXe siècle. Parmi les manifestations folkloriques importantes, citons le "*Palio dei Normanni*" qui a lieu au mois d'août.

La silhouette puissante de la **Cathédrale** est visible dès que l'on approche de la ville. Construction de style baroque, elle remonte au XVIIe siècle et fut édifiée sur un lieu de culte préexistant du XVe siècle. La façade donne sur un escalier et présente des traits maniéristes du XVIe siècle; elle possède un portail singulier, orné de colonnes torses en tuf de style Risorgimento. Son clocher, aux traits gothico-catalans, faisait partie de l'ancien édifice du XVe siècle. L'intérieur baroque grandiose est dominé par la superbe ouverture de la coupole et possède, au maître-autel, un précieux tabernacle en argent avec une splendide peinture byzantine qui représente *Maria Santissima della Vittoria,* tandis qu'aux murs on voit des peintures du XVIe siècle de Zoppo de Gangi. A droite de l'entrée, un remarquable arc attribué à A. Gagini renferme les fonts baptismaux. Dans la chapelle de gauche, se trouve un beau Crucifix en bois, attribué au Maestro della Croce de Piazza Armerina (XVe siècle), ainsi qu'une *Vierge à l'Enfant* provenant d'Ombrie. Parmi les autres peintures, figurent les œuvres de F. Paladino, G. Martorana et J. Ligozzi. Dans le **Musée de la Cathédrale** on peut

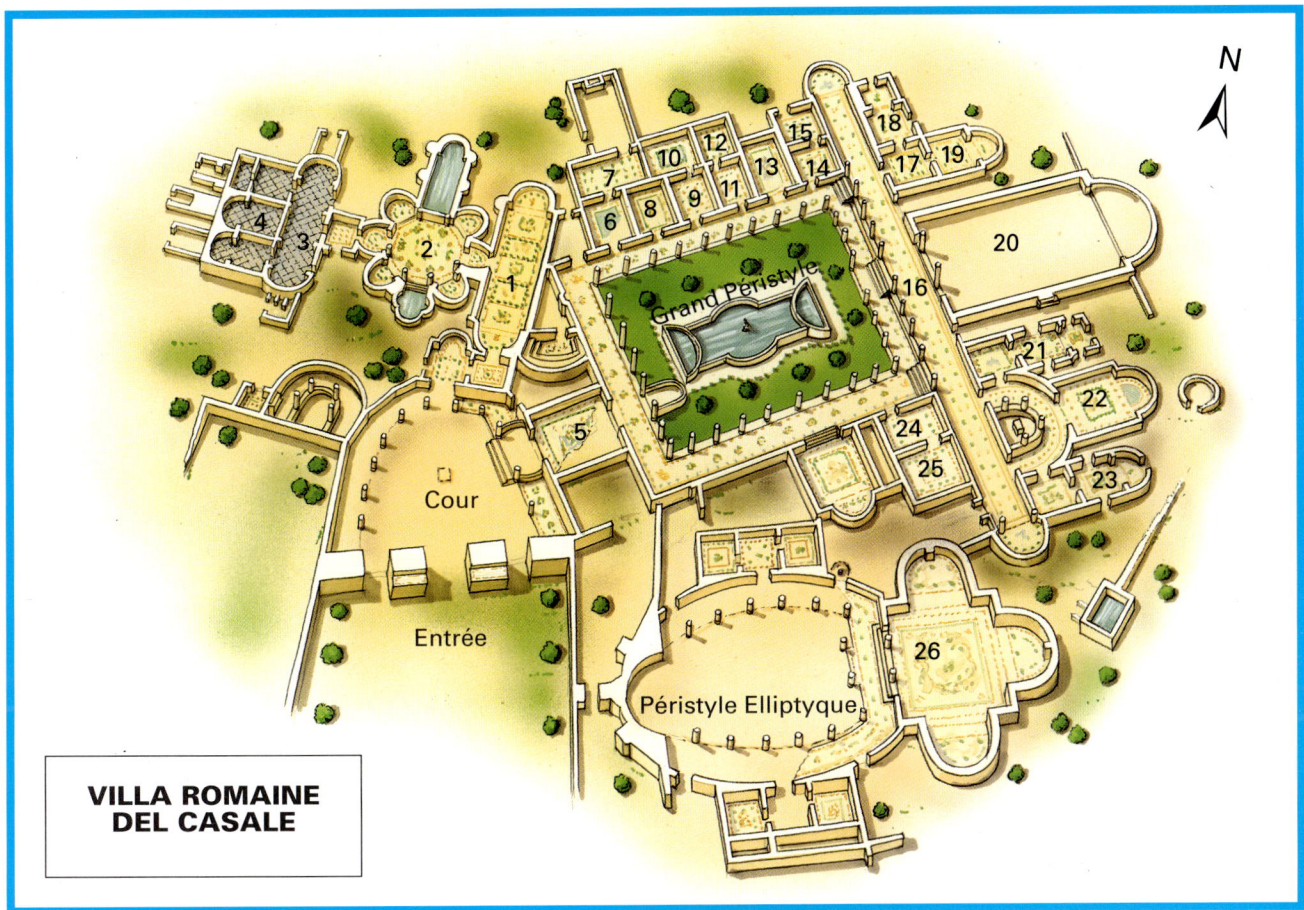

VILLA ROMAINE DEL CASALE

N

Grand Péristyle

Cour

Entrée

Péristyle Elliptyque

Page ci-contre:
le clocher de la cathédrale,
l'Hôtel de Ville du XVIIIe siècle et
l'ancienne église de la Commanderie
(XIIe siècle).

admirer des bas-reliefs de grande valeur, de précieux reliquaires, des objets en argent et d'anciennes crèches.

L'*Eglise del Gran Priorato di Sant'Andrea* (Grand Prieuré de St André), du XIIe siècle, est l'un des édifices religieux les plus anciens de la ville. La singulière typologie des constructions médiévales met en évidence un portail qui rappelle des motifs de style arabe et normand.

Parmi les autres lieux de culte, on remarquera l'*Eglise de Fundrò* au beau portail en tuf avec des décors baroques; l'ancienne *Eglise de la Commenda* (XIIe siècle), gothique, autrefois siège de l'Ordre des Chevaliers de Jérusalem et de Malte; l'église *Santo Stefano* et enfin l'église *San Pietro* (XVIIe siècle) avec des sculptures de l'atelier des Gagini et un plafond en bois du XVIIIe siècle.

Le *Castello Aragonese* fut construit vers la fin du XIVe siècle sous Martin Ier d'Aragon. Il s'agit d'un corps de bâtiment à base carrée avec des tours angulaires qui s'impose dans la physionomie de la ville.

Citons enfin le *Palazzo Trigona* (XVIIIe siècle), de style Risorgimento et baroque, ainsi que le *Palazzo Municipale*, construction du XVIIIe siècle, qui était autrefois un couvent bénédictin, où l'on admire les fresques de G. Martorana.

LEGENDE

1. **Salon du Cirque (Gymnasium)**
2. **Frigidarium**
3. **Tepidarium**
4. **Calidarium**
5. **Atrium**
6. **Salle du four normand**
7. **Salle intérieure**
8. **Salle de la mosaïque géométrique en étoiles**
9. **Salle de la mosaïque perdue**
10. **Salle de la Danse**
11. **Salle des Saisons**
12. **Salle des Amours Pêcheurs**
13. **Salle de la Petite Chasse**
14. **Salle de la mosaïque en octogones**
15. **Salle de la mosaïque en carrés**
16. **Couloir des mosaïques de la Grande Chasse**
17. **Vestibule de Polyphème**
18. **Cubiculum de la scène érotique**
19. **Cubiculum des fruits**
20. **Basilique**
21. **Cubiculum des Jeunes Chasseurs**
22. **Salle d'Arion**
23. **Cubiculum des Choristes et des Acteurs**
24. **Salle de la mosaïque à carreaux**
25. **Salle des Dix Jeunes Filles**
26. **Triclinium**

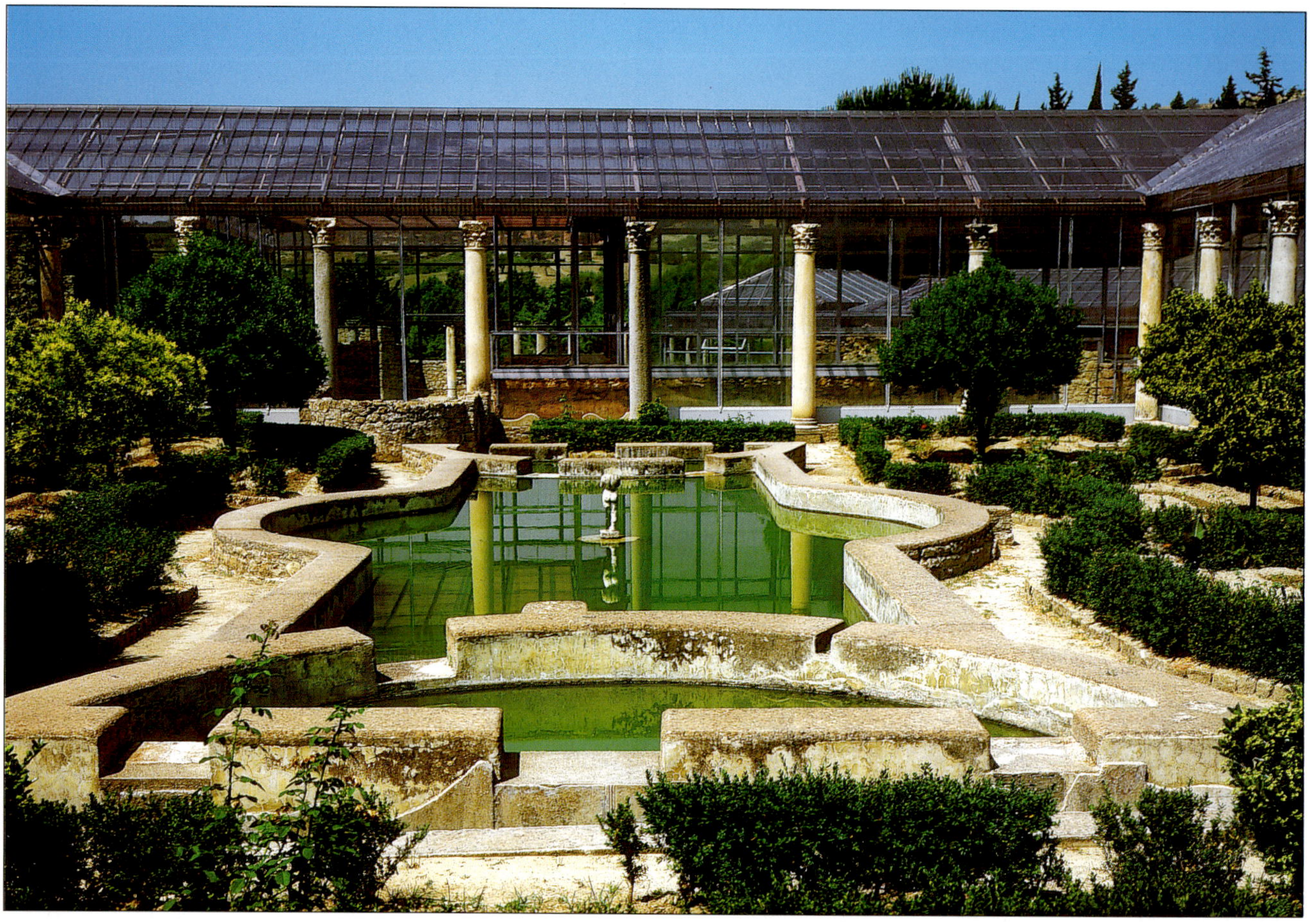

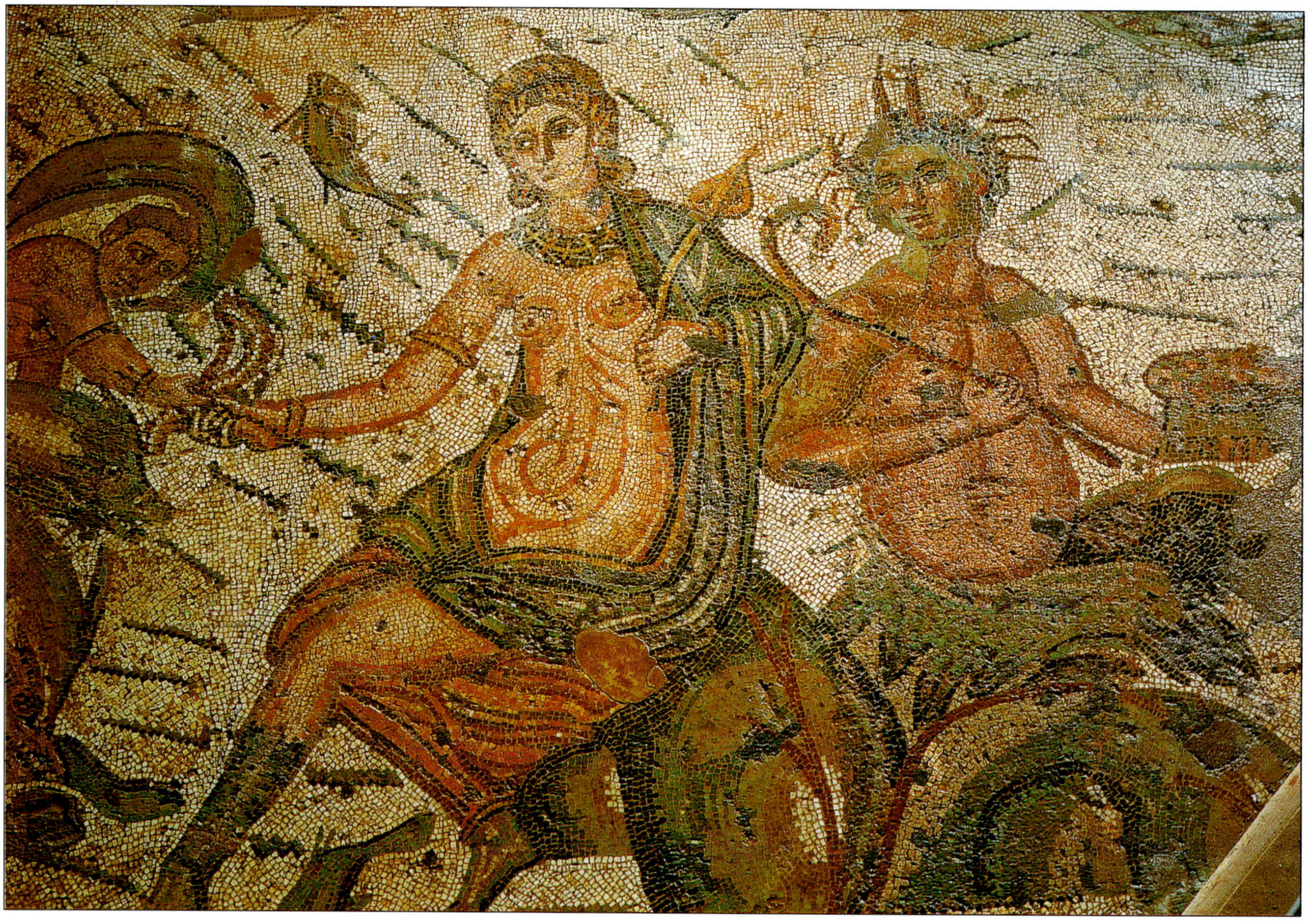

Villa Romaine del Casale:

page ci-contre, le Grand Péristyle avec le jardin et la fontaine, mosaïques du Frigidarium avec le détail d'une Néréide.

La **Villa Romaine del Casale** reste l'élément le plus important du territoire et constitue un des témoignages les plus probatoires des demeures rurales romaines dans l'île. Elle date du IIIe-IVe siècle avant J.-C. et connut son meilleur moment dans la période comprise entre le IVe et le Ve siècle après J.-C., au seuil des dévastations infligées par les barbares. La splendeur des décorations en mosaïque du pavement a rendu célèbre cette demeure romaine découverte à la fin des années Vingt et dont les fouilles ne sont pas encore terminées. Le large emploi des mosaïques qui embellissent les pavements et les murs de ce ensemble si vaste et extraordinaire, offre un modèle significatif de la technique des mosaïques.

Mosaïques de la Villa Romaine del Casale:

Grand Péristyle, détail d'un médaillon avec la tête d'un ours.

Salon du Cirque, détail d'un char participant à une course au Circus Maximus de Rome.

Mosaïques de la Villa
Romaine del Casale:

Salon du Cirque, un
joueur de trompette
sonne la fin d'une
course au Circus
Maximus de Rome
tandis qu'un magistrat
remet la palme de la
victoire au vainqueur, et
un détail d'un des
quadriges.

Salle de la Pêche, des
amours pêcheurs lèvent
les filets.

Couloir de la Grande Chasse, la capture d'une antilope et l'embarquement d'une autruche destinée au Cirque.

Mosaïque avec une scène de la Petite Chasse et, en bas, des amours pêcheurs.

Pages suivantes, scènes de la Salle des Dix Jeunes Filles, des jeunes filles en "bikini" faisant de la gymnastique.

Ces œuvres d'art furent réalisées très probablement par des maîtres d'œuvre nord-
africains et constituent un des plus beaux
exemples de ce type d'ornementation
très répandu dans tout le monde romain.
En passant par l'entrée, on accède à un
Atrium au plan polygonal, avec une
colonnade, une fontaine centrale et
des restes de pavement en mosaïque.
On passe dans le **Vestibule**, caractérisé par les belles mosaïques du pavement, d'où l'on accède au **Grand Péristyle** avec colonnade en marbre, un
bassin central et beaucoup de décors
en mosaïque qui caractérisent également
les pièces situées du côté nord. Parmi ces
salles, on ne peut pas se passer de nommer la
Salle de la petite chasse. Le long **Couloir de la
Grande Chasse** est riche en représentations en mosaïque qui exaltent des thèmes de chasse et de capture d'animaux. Sur le côté inférieur du grand péristyle,
se trouve la pièce qui conserve la représentation des gym-
nastes. Connue également comme la **Salle des Dix Jeunes
Filles**, elle présente, au centre, des jeunes filles qui, simplement
vêtues de maillots semblables au moderne "bikini", s'exercent à des
jeux gymniques.
Dans une salle à côté, avec une fontaine centrale, est représenté *Orphée*. Sur
le côté est du Couloir de la Grande Chasse, se trouve une salle en forme de
basilique avec une abside qui devait accueillir les réunions. Au sud de cette
salle se trouvait la partie destinée à l'habitation, enrichie de précieux décors
en mosaïque. Des représentations de sujets mythologiques embellissent également les salles situées sur le côté est de la partie supérieure du Couloir.

Mosaïques de la Villa
   Romaine del Casale:

Salle des Dix Jeunes
   Filles, une jeune
   gymnaste danse tandis
   qu'une autre met sur sa
   tête la couronne de la
   victoire, et un détail de
   cette mosaïque.

Salle d'Arion: Neptune (détail de la légende d'Arion de Lesbos, poète grec jeté à la mer mais sauvé par un dauphin).

Détail d'un amour vendangeur dans une salle donnant sur le Péristyle Elliptique.

Mosaïques de la Villa Romaine del Casale:

Salle d'Arion, un amour chevauchant un monstre marin et une Naïade.

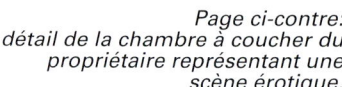

Page ci-contre: détail de la chambre à coucher du propriétaire représentant une scène érotique.

Une fois dans le **Péristyle Elliptique**, cour à portiques avec une fontaine au milieu, on peut admirer les mosaïques de certaines pièces donnant sur le péristyle, qui reproduisent des *Amours* qui se consacrent à la pêche et aux vendanges. On passe ensuite au **Triclinium**, intéressant endroit à trois absides avec des mosaïques à thème mythologique. Revenus dans l'Atrium, on accède au **Salon du Cirque**, qui doit son nom aux mosaïques représentant des scènes de compétition dans le Circus Maximus de Rome. On passe ensuite dans les chambres thermales où l'on reconnaît le **Frigidarium**, le **Tepidarium** et le **Calidarium** avec leurs systèmes de chauffage.

MORGANTINE

Le gros bourg d'Aidone est situé dans une belle position quant à l'environnement et au panorama, sur les pentes des Monts Erei, non loin de Piazza Armerina. S'étant développée à l'époque arabe dans une zone qui avait déjà fait l'objet d'établissements, cette ville est célèbre pour les vicissitudes de son château qui, à compter de l'époque normande, fut inféodé à plusieurs suzerains. Digne d'intérêt, l'**Antiquarium** qui a été aménagé dans l'ancien Couvent des Capucins. On y conserve le matériel retrouvé dans la proche **Morgantiné**. Cette zone, identifiée au cours des années Cinquante à Serra di Orlando, est très intéressante du point de vue archéologique. Probablement fondée par des colons chalcidiens provenant de Catane au VIe siècle avant J.-C., elle acquit beaucoup d'importance durant la période hellénique et romaine, mais, à partir du Ier siècle avant J.-C., elle s'achemina vers un déclin rapide et inexorable De l'ancien établissement, on a mis au jour l'**Agora**, disposée sur plusieurs étages, qui comprenait le **Macellum**, centre des services commerciaux de l'époque romaine, le **Bouleuterion**, le **Gymnase**, le **Théâtre**, des ruines de demeures seigneuriales avec des décors en mosaïque, les vestiges d'un **Sanctuaire** consacré au culte des dieux des enfers et un édifice servant de grenier. Toute la zone environnante est parsemée de ruines et de pièces archéologiques qui attendent d'être mises au jour, telles que les ruines du **Sanctuaire de Déméter et Coré**. Sur une colline voisine, on a retrouvé les traces de l'ancienne acropole et d'un centre habité qui fut dévasté au cours du Ve siècle avant J.-C.

Ici et page précédente, quelques vues des fouilles de la ville antique de Morgantiné d'origine pré-hellénistique.

Pages suivantes, Enna: la façade et le chevet de la cathédrale; l'imposant Château Lombardia et un détail de celui-ci, et la tour de Frédéric II.

ENNA

*L*a ville d'Enna dispute le barycentre géométrique de la Sicile à sa voisine Caltanisetta. Grâce à sa position au centre de l'île, elle fut autrefois appelée le "Nombril de la Sicile". D'origine très ancienne, Enna fut un centre sicane où se développa un culte semblable à celui de Déméter. A l'époque de la colonisation grecque, la ville réussit à garder des prérogatives d'autonomie qui furent remises en discussion une première fois par le syracusain Agathoclès (IVe siècle avant J.-C.) puis par Carthage. Occupée par les Romains, elle paya par une sévère répression la révolte des esclaves qui eut lieu au IIe siècle avant J.-C. Devenue municipium à l'époque impériale, elle fut conquise par les Byzantins quand la puissance romaine déclina. Grâce à sa position stratégique qui la rendit pratiquement imprenable, elle résista longtemps aux Arabes qui l'occupèrent, après un siège de plus de vingt ans, en 859. Devenue Kasrìanna par volonté de ses nouveaux maîtres, la ville connut une période de prospérité jusqu'à l'arrivée des Normands. Aux siècles suivants, le Castrum Iohannis *devint apanage des Angevins et des Aragonais, suivant ainsi les vicissitudes siciliennes.*

De nos jours la ville se situe sur le sommet d'une hauteur étagée dans un cadre très panoramique, au centre d'un territoire d'exploitations agricole où l'activité extractive est florissante. Le tourisme s'y est développé au cours des dernières décennies.

Cathédrale

Construite en pleine époque aragonaise, elle date du XIVe siècle. Très endommagée dans la seconde moitié du XVe siècle à la suite d'un incendie, elle fut restaurée à l'époque baroque (XVIIe siècle). La puissante **façade**, qui donne sur un bel escalier, est caractérisée par un portique au-dessus duquel se dresse une puissante tour du XVIIe siècle. La partie absidale, divisée en trois, est de style gothique. L'**intérieur**, très scénique, met en évidence la répartition en trois nefs divisées par de puissantes colonnes qui soutiennent des arcades en ogive. A remarquer, le bénitier du XVIe siècle, la chaire sculptée par G. Gallina (XVIIe siècle) et les magnifiques fonts baptismaux.

Château de Lombardia

Cette ancienne construction située dans la partie la plus élevée de la ville fut bâtie à une date antérieure à l'époque souabe que l'on considère généralement comme l'époque de sa fondation.

Le château comptait vingt tours, dont six seulement nous sont parvenues; la plus significative étant la **Torre Pisana**, couronnée d'une structure crénelée.

Torre di Federico

Cet édifice singulier à plan octogonal s'élève au milieu du jardin public et date du XIIIe siècle, date à laquelle cette tour faisait encore partie, très probablement, d'un château plus vaste et important.

CALTANISSETTA

*L*a ville est située dans la partie supérieure de la Vallée du Salso, où elle s'étend sur les pentes méridionales du Mont San Giuliano qui constitue le centre géométrique de la Sicile. Ses origines plus lointaines semblent dater d'une époque antérieure à la période classique, quand on parle d'une Nissa. Les Sarrasins ajoutèrent le préfixe kalat et le toponyme eut la curieuse signification de "château des femmes".
La localité est entourée d'une zone agricole fertile; elle était autrefois au cœur du district minier sicilien, très actif dans les années Trente et qui aujourd'hui, tout en fournissant une certaine production de souffre, de sels de potassium et de magnésium, est en régression suite à la progressive utilisation de nouvelles sources énergétiques.

Cathédrale

Commencée dans la seconde moitié du XVIe siècle, elle fut terminée dans la première moitié du siècle suivant.
La *façade*, plutôt grande, est encadrée par deux clochers; elles date de la première moitié du XIXe siècle.
L'*intérieur*, sévère et fastueux, se distingue pour ses caractéristiques rococo très marquées du XVIIIe siècle avec beaucoup de stucs qui font un cadre riche aux nombreuses fresques de l'artiste flamand Guillaume Borremans.

Caltanissetta, l'ancien Collegio dei Gesuiti (XVIIe siècle) sur le Corso Umberto I et, ci-contre, l'église San Sebastiano.

PALMA DI MONTECHIARO

Le noyau de ce centre s'élève sur les pentes du Mont Pozzillo en vue de la proche côte. Des anciennes pièces découvertes dans une caverne près de ce lieu témoignent de la présence de l'homme depuis la Préhistoire. Sa particularité dérive du fait que c'est un bourg construit au XVIIe siècle par Carlo Tomasi di Lampedusa, aïeul de Giuseppe Tomasi di Lampedusa, auteur du roman *Il Gattopardo* (Le Guépard).
D'un certain intérêt, l'*Eglise Mère* présente les mêmes caractéristiques baroques que certains palais.
Un peu plus loin, à **Marina**, on peut voir le **Château des princes Tomasi di Lampedusa**.
Dans les environs, dans une position élevée sur un rocher dressé au-dessus de la mer, se tient le **Château de Montechiaro** (XIVe siècle).
A rappeler enfin, dans la région, la **Forteresse San Carlo** du XVIIe siècle et le **Castellazzo di Palma** du XVe siècle.

Palma di Montechiaro, les ruines de l'ancien monastère.

ILE DE PANTELLERIA

La partie la plus extrême de la terre sicilienne se trouve à 70 km des côtes tunisiennes. Déjà habitée au Néolithique, l'île fut conquise vers le VIIe siècle avant J.-C. par les Phéniciens qui l'appelèrent *Hirani*. Successivement disputée par les Romains et les Carthaginois, à l'époque des guerres puniques, elle fut conquise par les Romains qui changèrent son toponyme en *Cossyra*. Après le déclin de Rome, ce fut le tour des Vandales et des Byzantins, avant l'arrivée des Arabes. La colonisation islamique laissa de traces visibles dans la toponymie et dans la typologie des constructions utilisées encore de nos jours.

L'île, appelée par les Arabes *Bent el Rion*, fut soumise aux Normands au cours du XIIe siècle. Pendant la Deuxième Guerre mondiale elle a subi de violents bombardements alliés.

C'est une île, dont l'évidente origine volcanique est révélée par des manifestations typiques du volcanisme secondaire, elle atteint 836 m. au cône du volcan de la Montagna Grande qui possède également d'autres cratères appelés *Cuddie* par les insulaires.

Les câpres, le raisin de Damas, le vin de paille réputé et un tourisme de plus en plus développé représentent les principales caractéristiques de l'économie insulaire. Des côtes pittoresques, des criques suggestives et des cavités naturelles sont les grandes attractions de cette île accueillante où la vie s'écoule au rythme de la civilisation rurale méditerranéenne, loin du stress de la vie moderne. Ses eaux limpides sont le paradis des amateurs de la mer et de plongée sous-marine. Parmi les sites touristiques plus significatifs, signalons les ruines d'un établissement préhistorique, pouvant remonter au Néolithique, à *Mursia*, au sud de **Pantelleria**, centre principal de l'île qui s'est formé autour du **Castello Barbacane** restauré au XVIIIe siècle. Dans la zone, à voir également les caractéristiques **Sesi**, expression typique de l'architecture funéraire mégalithique.

Parmi les curiosités des constructions locales figurent les **Dammusi**, réalisés en pierre et couverts d'une voûte. Le tour de l'île est particulièrement beau. Il peut se faire en suivant la route qui longe la côte ou bien en bateau, pour mieux admirer la nature, le paysage et l'environnement magnifique de l'île.

Pantelleria, une vue de l'"Arco dell'Elefante".

ILE DE LINOSA

Première île que l'on rencontre dans le Canal de Sicile, elle forme avec Lampedusa et Lampione (un rocher désertique), l'archipel des Pélagies proprement dit. Connue depuis l'Antiquité sous le nom d'*Aethusa* (*Algusa*) elle est d'origine volcanique; son relief le plus élevé, le Mont Vulcano, atteint 195 m. **Linosa** se distingue des autres villages comme centre agricole et port de pêche.

ILE DE LAMPEDUSA

La plus grande des Pélagies est également l'île italienne la plus proche des côtes de l'Afrique du Nord; son point le plus élevé atteint 133 m. Les premiers établissements humains y datent de la Préhistoire ce qui nous est confirmé par des objet de l'âge du Bronze et par certaines constructions mégalithiques. Déjà connue par les Romains (*Lopadusa*), elle fut au centre d'une bataille navale entre les Arabes et les Byzantins. Dépourvue pendant longtemps d'habitants stables, elle fut repeuplée sous Ferdinand II. Durant la Deuxième Guerre mondiale, elle a été au centre de manœuvres militaires alliées. Récemment, elle a été frôlée par des fusées au cours d'une crise internationale aiguë.

Lampedusa, le seul centre habité important, se dresse au milieu d'une rade. L'île, avec ses côtes surplombant la mer, est recouverte d'un maquis typiquement méditerranéen. La population s'occupe principalement de pêche et, en particulier, de la pêche des éponges. L'agriculture est défavorisée par le manque d'eau.

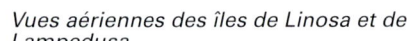

Vues aériennes des îles de Linosa et de Lampedusa.

Luigi Pirandello

L'écrivain et dramaturge italien natif d'**Agrigente** est considéré comme l'un des plus grands interprètes de la culture littéraire et théâtrale de la fin du XIXe et du début du XXe siècle. Né en 1867 à Girgenti, il a étudié au lycée de Palerme, ville dans laquelle il s'inscrit ensuite à l'Université où il suit les cours des facultés de Droit et de Lettres. S'établissant ensuite à Rome, il poursuit des études humanistes et écrit un premier recueil de poèmes *(Mal Giocondo,* 1889). Après avoir obtenu une licence en linguistique en Allemagne, il retourne à Rome où il écrit le recueil de poèmes *Amori senza Amore,* prélude de sa grande composition de nouvelles intitulées *Novelle per un anno* (Nouvelles pour un an) (1922-1936). La publication de *L'Esclusa* (L'Exclue) (1925) – tirée du roman-feuilleton *Marta Ajala* (1901) – mais surtout des œuvres successives *Il Fu Mattia Pascal* (Feu Mathias Pascal) (1904), *Così è se vi pare* (Chacun sa vérité) (1918), *Uno, nessuno centomila* (Un, personne et cent mille) (1926) représentent la véritable prose de Pirandello, singulier mélange d'expériences véristes et d'angoissantes intuitions existentialistes. Entre 1918 et 1927, Pirandello écrit des drames tels que *Il Gioco delle parti, Ma non è una cosa seria* et surtout, la célèbre pièce *Sei personaggi in cerca di autore* (Six Personnages en quête d'auteur). La fondation du "Teatro d'Arte di Roma" (1925), son titre d'Académicien d'Italie (1929) et l'attribution du Prix Nobel pour la littérature (1934) sont les étapes fondamentales de la carrière de ce dramaturge mort à Rome en 1936.

Trois photos de Luigi Pirandello: lycéen (1885), étudiant à l'Université de Palerme (1887) et son dernier portrait.

La maison natale de Luigi Pirandello.

AGRIGENTE

La ville se dresse sur les pentes d'un haut plateau montagneux, délimité par les bassins du fleuve Sant'Anna (l'ancien Hypsas) et du fleuve San Biagio (l'ancien Akragas). Elle jouit d'une superbe position naturelle surplombant la célèbre Vallée des Temples et la côte méridionale. Elle fut fondée par des colons provenant des îles grecques qui agirent en accord avec les habitants de la voisine Géla (VIe siècle avant J.-C.). En peu de temps Akragas devint riche et puissante; et, sous le tyran Théron, elle eut raison des prépondérantes forces carthaginoises à Himère (Ve siècle avant J.-C.). Vers la fin du siècle, les Carthaginois prirent leur revanche, en prenant et en dévastant la ville, épuisée par la faim, à la fin d'un long siège. Reconstruite et à nouveau peuplée par volonté de Timoléon, elle fut au centre des luttes entre les Romains et les Carthaginois jusqu'à ce que les Romains l'occupent définitivement, à partir de 210 avant J.-C. Sous les enseignes de Rome, Agrigentum traversa une période de calme et de laborieuse prospérité. La décadence inexorable commença sous les Byzantins. Occupée par les Arabes dans la première moitié du IXe siècle, elle changea son nom en Girgenti qu'elle garda jusqu'en juin 1927, quand on adopta le toponyme actuel. A l'époque souabe elle suivit le sort de Palerme. Au XIVe siècle elle fut soumise à la puissante famille des Chiaromonte, dont elle ne s'affranchira que vers la fin du siècle. Sous les Aragonais elle put jouir des privilèges douaniers qui favorisèrent son essor commercial déjà prospère. Dans la seconde moitié du XIXe siècle sa population se distingua particulièrement dans la lutte contre les Bourbons. Parmi les personnages importants nés à Agrigente figurent le philosophe Empédocle (Ve siècle avant J.-C.) et l'écrivain et dramaturge Luigi Pirandello (1867-1936). Grâce à son climat particulièrement doux, même en hiver, à son cadre naturel et à ses paysages magnifiques, elle constitue une des destinations touristiques les plus fréquentées de la Sicile; c'est également un pôle archéologique, architectural et artistique d'importance internationale. En pleine saison d'hiver, la floraison spectaculaire des amandiers recouvre la Vallée des Temples d'une singulière beauté et donne lieu à la Sagra del Mandorlo in Fiore (Fête de l'Amandier en Fleurs) qui est célébrée avec des costumes et des expressions folkloriques locales qui attirent des groupes enthousiastes de touristes italiens mais surtout étrangers. Parmi les autres manifestations, sans compter celles à caractère religieux, figurent, en été, les célébrations consacrées à Pirandello. La Via Atenea constitue le centre de la vie citadine, point de rencontre des habitants d'Agrigente et lieu préféré pour la promenade au coucher du soleil. Parmi les produits d'artisanat les plus caractéristiques, rappellons la guimbarde, instrument caractéristique qui est appelé ici gargamarruni. Près du terrain de sports se déroule, le vendredi, le caractéristique marché hebdomadaire des marchands ambulants où l'on peut acheter toutes sortes de denrées alimentaires, d'habillement et d'articles ménagers.

Pour mieux apprécier les attraits touristiques et monumentaux d'Agrigente on ne doit pas oublier la configuration morphologique du territoire et l'organisation urbaine qui imposent une division entre les quartiers médiévaux et modernes et la ville antique proprement dite (Vallée des Temples).

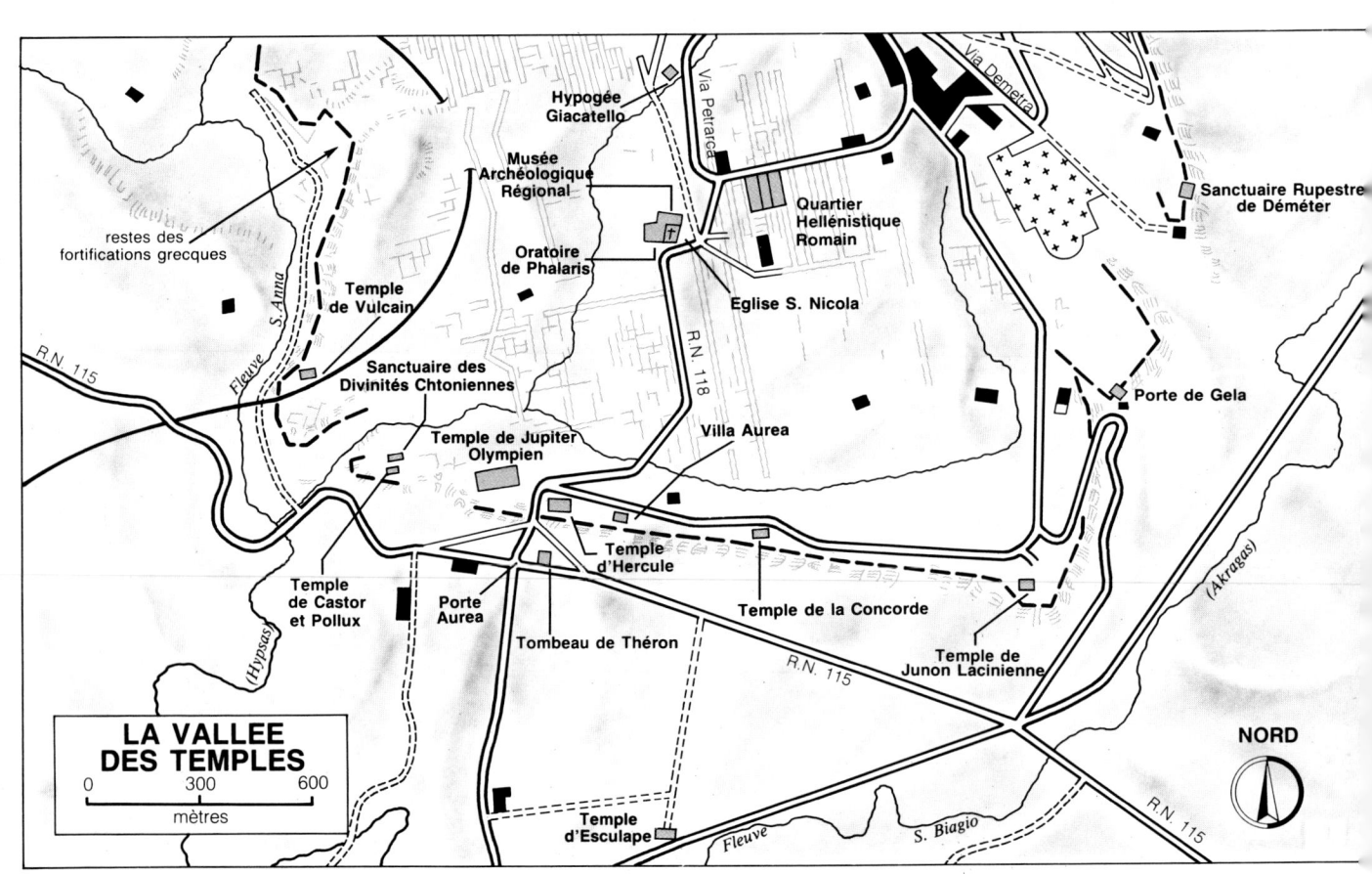

Page précédente: ce qu'il reste du Temple de Castor et Pollux, érigé au Ve siècle av. J.-C.

Un chapiteau au milieu des ruines du Temple de Jupiter Olympien.

LA VALLEE DES TEMPLES

Les exaltants témoignages architecturaux de la ville antique sont situés dans cette vallée unique pour la grandeur de ses décors et de ses richesses environnementales et monumentales qui se résument en une chaude image méditerranéenne rendue presque féerique par le jeu des couleurs, par le parfum des fleurs et de la campagne et par le décor lumineux de la mer dont la brise adoucit toujours les rayons du soleil de Sicile.

Entre décembre et mars, la floraison des amandiers confère à ce lieu un aspect enchanté qui est célébré avec des fêtes et des manifestations populaires. On peut accéder à la zone des temples en voiture, par la route nationale, ou à pied à partir du centre (Piazza Marconi).

Quartier hellénico-romain

Il constitue une trace significative d'un ancien établissement urbain qui date du IVe-IIIe siècle avant J.-C. et dont les restaurations les plus récentes datent du IVe-Ve siècle. Les quatre directrices principales tracent la trame de l'ancien tissu routier sur lequel se trouvent des habitations, des boutiques et d'autres édifices. Certaines décorations de pavement en mosaïque sont conservées ainsi que des parties de murs dont les enduits présentent des peintures. Le type des décorations permet de se faire une idée de l'époque des ruines qui vont de la période Républicaine et Impériale aux Ier-IIe-IIIe siècles après J.-C. Dans ce quartier on peut encore voir des vestiges du système d'égoût et d'écoulement des eaux. De l'ancien établissement on distingue trois îlots et quelques habitations, telles que la **Maison des Aphrodites**, la **Maison de la Mosaïque en losanges**, la **Maison du Péristyle** (exemple typique de demeure fastueuse avec en annexes, les équipements thermaux), la **Maison de la Gazelle** dont le nom dérive de l'animal représenté sur les mosaïques du pavement (actuellement au musée), la **Maison du Maître-abstrait** et la **Maison du Portique**.

Hypogée Giacatello

On y arrive par une petite ruelle qui part du Musée Archéologique en côtoyant le torrent homonyme. On a raison de croire qu'il s'agit d'un ancien réservoir d'eau (Ve siècle avant J.-C.) qui de nos jours se présente comme une vaste pièce souterraine en forme de citerne carrée, percée de lucarnes et recouverte de terre battue.

Eglise San Nicola

L'édifice, comme nous le voyons de nos jours, date du XIIIe siècle et fut construit par les Cisterciens à l'emplacement d'anciennes structures d'époque gréco-romaine, à l'endroit où s'établirent des communautés monastiques et où une première église normande fut réalisée. L'édifice, de style romano-gothique, présente sur la façade un beau portail. L'***intérieur*** à une nef, garde un sarcophage grec représentant le *Mythe de Phèdre*, probablement une œuvre romaine du IIe-IIIe siècle après J.-C. A voir la partie absidale, caractérisée par une série de petits arcs aveugles de style romain surmontée d'une puissante voûte ogivale. A côté des traces d'une structure théâtrale creusée dans la roche, se trouve l'***Oratoire de Phalaris*** qui présente la structure d'un temple avec une petite exèdre.

Temple de Jupiter Olympien

De l'ancien temple, du Ve siècle avant J.-C., date à laquelle il fut construit pour célébrer la victoire sur les Carthaginois à Himère, il nous reste des ruines évidentes. L'édifice, endommagé à cause des événements sismiques nombreux et presque rasé au sol par les Carthaginois vers la fin du Ve siècle, fut utilisé comme source de matériel de construction jusqu'au XVIIIe siècle, pour la réalisation d'édifices et d'ouvrages publics. L'*Olympieion* était un pseudo-périptère qui avait, à la place du péristyle, un puissant mur intercalé par des demi colonnes sur lesquelles étaient placées les gigantesques figures des *Télamons*. Ces figures servaient au soutien de la massive structure de l'entablement. On peut voir le calque de l'un d'eux à terre (l'original a été transporté et reconstruit au Musée Archéologique). Dans l'Antiquité, ce temple, compte tenu de ses dimensions, venait juste après le temple cyclopéen de Diane à Ephèse.

Cette page, un des colossaux télamons qui ornaient le Temple de Jupiter Olympien.

Temple de Castor et Pollux

Les quatre colonnes qui, depuis bien longtemps, constituent l'emblème d'Agrigente, se présentent, comme nous le voyons aujourd'hui, après une reconstruction effectuée au cours du XIXe siècle par le sculpteur V. Villareale et par l'architecte S. Cavallari. Ces colonnes sont ce qui reste d'un temple construit au Ve siècle et sont caractérisées par les beaux ornements de l'entablement d'évidente empreinte hellénico-romaine. Dans la zone on a retrouvé des édifices religieux et des lieux de culte très anciens (à partir du VIe siècle avant J.-C.) consacrés à Déméter et Perséphone et généralement appelés *Sanctuaire des Divinités Chthoniennes*. Dans la partie la plus occidentale de la Vallée des Temples se trouvent les ruines du *Temple de Vulcain*, construction dorique qui date du Ve siècle avant J.-C.

Une vue des ruines du Temple de Castor et Pollux, temple dédié aux Dioscures, les jumeaux nés de l'union de Jupiter et Léda.

Au premier plan, un autel circulaire du Sanctuaire des Divinités Chthoniennes; à l'arrière plan, les ruines du Temple de Castor et Pollux.

Deux vues du Temple d'Hercule dont la structure très allongée indique qu'il est le plus ancien des temples d'Agrigente.

En bas, le petit monument funéraire, appelé Tombeau de Théron, datant du Ier siècle avant J.-C.

Temple d'Hercule

Parmi les nombreuses ruines se dressent encore 8 des 44 colonnes qui ornaient autrefois l'édifice. Elles furent mises au jour en 1924. Ce temple dorique, probablement le plus ancien des temples d'Agrigente, date du VIe siècle avant J.-C. et se caractérise par l'originalité de son plan qui comprend trois degrés qui délimitent la plate-forme rectangulaire.

L'*Herakleion* était à l'origine un périptère à six colonnes. Sa corniche, à l'origine en terre cuite, fut ensuite remplacée par une structure en pierre embellie de têtes de lion qui fut remarquablement restaurée durant l'époque romaine. Dans la zone méridionale, dans un superbe cadre, se trouvent le **Tombeau de Théron**, d'époque romaine (Ier siècle avant J.-C.), situé près de l'ancienne **Porta Aurea**, et les ruines du **Temple d'Esculape** (Ve siècle avant J.-C.) aux évidentes lignes doriques.

Dans ces pages, vues sous des angles différents du Temple de la Concorde qui fut transformé en basilique chrétienne au VIe siècle; raison pour laquelle il est aujourd'hui le mieux conservé des temples de la vallée.

Temple de la Concorde

Non loin de la **Villa Aurea** (Direction des fouilles) se trouvent la **Nécropole Romaine de Giambertoni** (IIe siècle avant J.-C. - IVe siècle après J.-C.), les ruines d'une nécropole byzantine et les catacombes dites **Grotte dei Fragapane** (IVe siècle après J.-C.).
Témoin splendide de l'architecture dorique, à tel point qu'il représente un des éléments les plus significatifs et les plus intéressants de l'archéologie en Sicile, le temple nous est parvenu en bon état de conservation quoique la patine des siècles ait érodé les structures

En haut et ci-contre, cellules funéraires byzantines, dites en arcosolium, et restes de la nécropole paléochrétienne.

du tuf calcaire coquillier, désormais dépourvu de son revêtement en stuc. L'édifice, qui présente des analogies structurales et chromatiques avec le Temple de Thésée à Athènes, était à l'origine consacré à Castor et Pollux et fut construit, probablement, au temps de Théron (Ve siècle avant J.-C.). Il s'agit d'un péristyle avec façade à six colonnes entouré de 34 colonnes posées sur quatre gradins. Il fut restauré et transformé en basilique chrétienne au VIe siècle. Les ouvertures en arc, visibles le long des murs du naos, datent de cette époque.

Temple de Junon Lacinienne

Ce temple est lui aussi un périptère hexastyle d'évidente origine dorique. De tous les temples d'Agrigente c'est le mieux conservé après celui de la Concorde. Construit vers la moitié du Ve siècle avant J.-C., il fut endommagé par un incendie et nécessita des travaux de restauration à l'époque romaine. Il nous reste 25 colonnes et la structure de l'édifice original, qui présente toutefois quelques mutilations. De sûr effet scénique est la colonnade sur le côté nord qui soutient la puissante architrave.

Sanctuaire rupestre de Déméter

Cette structure très ancienne, creusée dans le roc vers le VIIe siècle avant J.-C., est antérieure à la civilisation grecque et surmonte une riche zone de *fortifications* construites par les Grecs, sous lesquelles se trouve l'ancienne *Porte de Gela*, où l'on a découvert des pièces et des objets liés au culte des Divinités Chthoniennes. En amont du sanctuaire de Déméter se trouve le *Temple* dorique homonyme du Ve siècle avant J.-C. qui fut transformé, au Moyen Age, en lieu de culte consacré à saint Blaise.

Pages repliées:
vue panoramique de la Vallée des Temples.

Le Temple de Junon Lacinienne, dédié à l'épouse de Jupiter, la déesse protectrice de la vie conjugale, fille de Chronos et Réa. Le temple se dresse sur le point le plus haut de la ville.

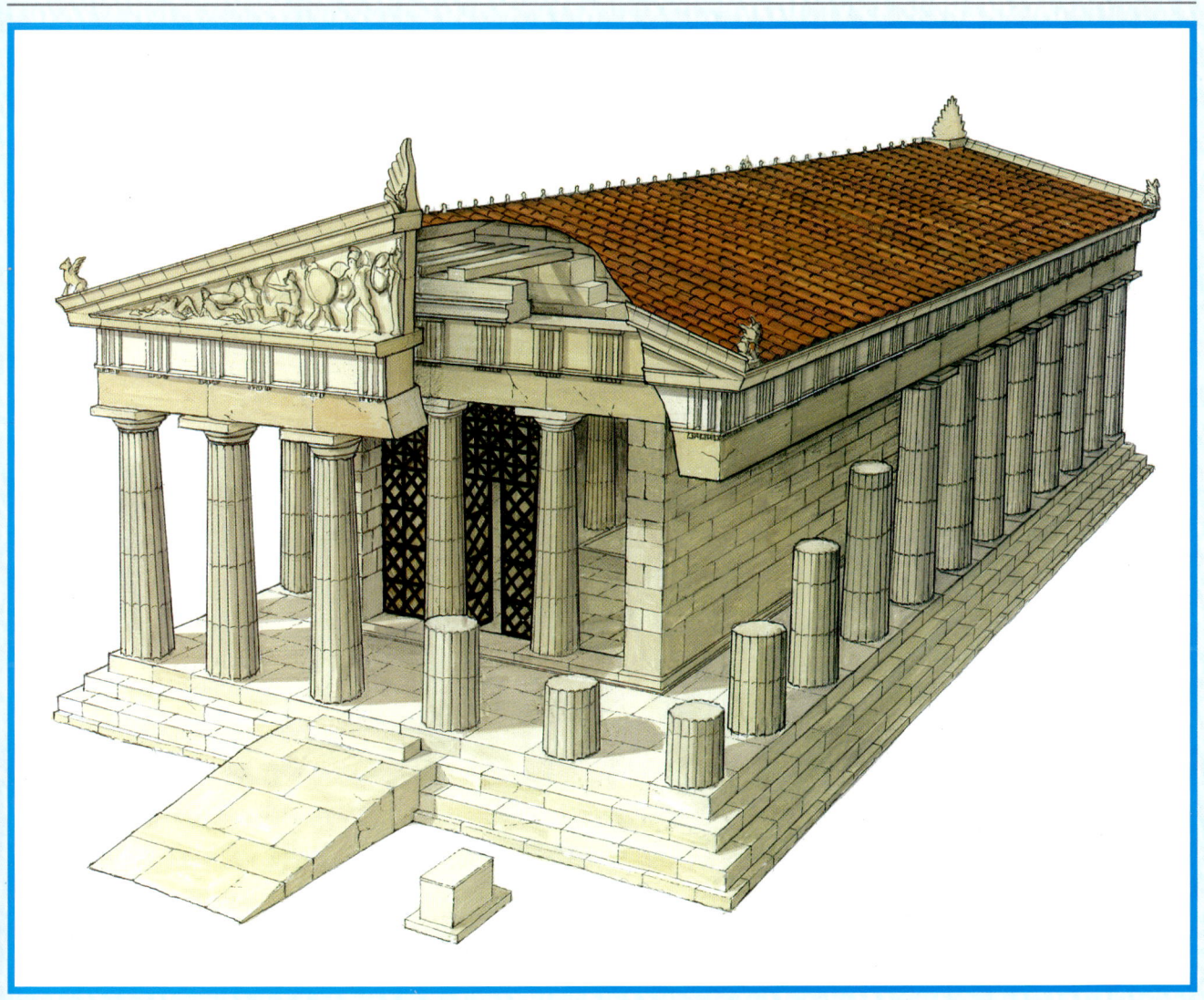

Reconstruction d'un temple de style dorique.

LE TEMPLE DORIQUE EN SICILE

Les temples qui ponctuent par dizaines la Sicile et qui lui donnent son aspect très grec traduisent la prédominance absolue de l'ordre dorique. Seule exception à ce jour - non seulement en Sicile mais dans tout l'Occident grec -, le grand temple ionique dont quelques vestiges sont encore visibles dans les souterrains de la partie moderne de l'Hôtel de Ville de Syracuse. Pourtant, les éléments ioniques apparaissent parfois dans des édifices éminemment doriques; c'est le cas d'un petit temple du IVe siècle avant J.-C. de Mégara Hyblaia et du temple archaïque, probablement dédié à Aphrodite, d'Acrai (aujourd'hui Palazzolo Acreide).

L'ordre dorique, élaboré en Grèce entre le VIIe et le VIe siècle avant J.-C., se caractérise avant tout par l'absence de piédestal sous les colonnes: elles reposent directement sur le soubassement (*stylobate*) du socle du temple qui sort de terre (*crépidome*).

Le fût des colonnes est strié de 16 à 20 cannelures séparées par des arêtes vives. Il est surmonté d'un chapiteau simple composé d'une *échine* tronconique et d'un *abaque* carré.

Sur les chapiteaux repose un entablement qui présente une architrave lisse et une **frise** formée de panneaux rectangulaires striés de cannelures verticales (***triglyphes***) et de panneaux sculptés (***métopes***). Les deux côtés courts du temple sont coiffés d'un ***fronton*** triangulaire portant des ***acrotères*** aux extrémités et au sommet; avec les deux rampants du fronton, la ***corniche*** délimite le ***tympan*** qui est généralement sculpté.

Élément fondamental du temple, le sanctuaire rectangulaire (***naos***) n'est éclairé que par la porte. À l'intérieur, la pièce qui accueille la statue du dieu est appelée ***adyton***. Lorsque le sanctuaire est entouré sur ses quatre côtés par une colonnade, le temple est un ***péristyle*** et s'il est ceint d'une double colonnade, il s'agit d'un ***diptère***. Lorsque le temple ne possède des colonnes qu'en façade, entre les prolongements des murs latéraux du naos - qui forment un vestibule appelé ***pronaos*** -, on dit qu'il est ***in antis*** (cette structure prend le nom d'***opisthodome*** quand elle est répétée sur la façade arrière du temple). Si le pronaos est précédé d'une colonnade, le temple est un ***prostyle***.

Généralement, les temples ont six colonnes sur leurs côtés courts, d'où leur nom d'***hexastyles***.

MUSÉE ARCHÉOLOGIQUE RÉGIONAL

C'est l'une des collections archéologiques les plus importantes de son genre et les plus fonctionnelles de Sicile. Y sont exposées des pièces importantes découvertes dans la zone d'Agrigente.
Y sont conservés:

Dans la **Salle I**: des documentations d'intérêt topographique et cartographique concernant l'ancien établissement d'Agrigente et des objets de l'Antiquité classique.

Une salle du Musée Archéologique d'Agrigente où l'on peut admirer un des télamons du Temple de Jupiter Olympien.

La statue d'Ephèbe datant de 470 avant J.-C. attribuée à un sculpteur agrigentin.

Dans la **Salle II**: des objets d'intérêt préhistorique et notamment de la période néolithique, du Bronze et du Fer ainsi que des objets antiques provenant de Gela, de la nécropole de Montelusa et des nécropoles voisines du VIIe-VIe siècle avant J.-C.
Dans la **Salle III**: une remarquable collection d'objets en céramique allant du Ve au IIIe siècle avant J.-C., parmi lesquels figurent les typiques vases attiques et gréco-italiotes. Parmi les éléments les plus célèbres, le cratère qui illustre le mythe de *Persée et Andromède* (Ve siècle avant J.-C.).
Dans la **Salle IV**: des fragments intéressants de temples comme les gouttières en pierre avec des têtes de lion et d'autres ornements.
Dans la **Salle V**: documentations provenant de la Vallée des Temples d'Agrigente avec des sculptures de valeur des périodes grecque, hellénique et siciliote.
Dans la **Salle VI**, consacrée au Temple de Jupiter Olympien, l'élément le plus important est la reconstruction, obtenue en utilisant des objets originaux, du gigantesque *Télamon* (environ 8 m.) autrefois situé dans le temple, et d'autres télamons dont sont ici conservés des détails des têtes.
Dans la **Salle VIII**: des pièces intéressantes découvertes dans le quartier hellénico-romain. On distingue en particulier les *emblemata* provenant des mosaïques du pavement qui ornaient certains édifices.
Dans la **Salle IX** (une autorisation est nécessaire pour y accéder): des monnaies en or, en argent et en bronze de la période classique à l'époque médiévale. A voir, en particulier, les monnaies d'Agrigente en argent, du Ve siècle avant J.-C., qui reproduisent des détails intéressants.

SCIACCA

Importante destination touristique thermo-balnéaire de la côte agrigentine, la ville s'étend sur les pentes des collines qui descendent brusquement dans la mer. Ses origines helléniques remontent à la colonisation de Sélinonte. Les propriétés thérapeutiques de ses sources thermales étaient déjà connues à l'époque romaine quand elles furent appelées *Thermae Selinuntinae* et ensuite dénommées *Aquae Labodes*. A l'époque médiévale, Sciacca fut d'abord arabe puis renforcée dans ses structures par les Normands. Les **murs aragonais**, dont il existe encore quelques ruines, datent du XVIe siècle.

Le **Steripinto** est un édifice du XVe siècle de style hispano-plateresque qui met en évidence un bossage en pointes de diamant original avec crénelures et fenêtres jumelées. Dans les environs, près de la **Porta San Salvatore** (XVIe siècle), se trouve l'**église du Carmine**, édifice d'aspect baroque avec fronton gothique en façade.

Du côté opposé de la route, se dresse l'**église Margherita**, du XIVe siècle restaurée au cours du XVIe siècle. Le portail de la façade est d'aspect gothique, celui sur le côté, qui s'inspire aussi bien du style gothique que du Risorgimento (XVe siècle), est orné de reliefs de P. Bonitate et F. Laurana. Les décors en stuc qui enrichissent l'intérieur datent du XVIIe siècle (O. Ferraro).

Dans la même rue se trouve la gracieuse **Maison Arone**, du XVe siècle, caractérisée par les élégantes fenêtres jumelées de sa façade.

La première construction de la **Cathédrale** remonte à l'époque normande (XIIe siècle) mais elle fut complètement restaurée au XVIIIe siècle. De la construction originale il reste la partie absidale; en façade et à l'intérieur, on peut voir différentes sculptures dont certaines sont d'Antonello et Domenico Gagini.

A côté, se tient la **Maison Scaglione** où l'on a récemment ouvert une pinacothèque et une collection de monnaies.

Sur le chemin du **Château Luna**, édifice de la seconde moitié du XIVe siècle, dont il reste seulement les murs d'enceinte et un donjon cylindrique, se trouve la petite église romane consacrée à **San Nicolò**, du XIIe siècle, qui présente une façade linéaire et trois petits chevets.

Dans le haut de la ville se situe la Piazza G. Noceto avec l'église **San Michele** (XVIe siècle) et la **Porta San Calogero**, qui s'ouvre sur une partie du mur d'enceinte datant du XVIe siècle.

Non loin de là, sur le **Mont San Calogero**, qui domine l'agglomération du haut de ses 388 m., nous trouvons les **Stufe di San Calogero** (Etuves Saint Caloger) d'où émanent des vapeurs radioactives thérapeutiques. Dans la zone, la découverte d'objets préhistoriques a permis de soutenir la thèse selon laquelle ces vapeurs sont utilisées depuis l'Antiquité.

Au sommet du mont, dans une belle position panoramique, se trouve le **Sanctuaire San Calogero**. À l'intérieur, se trouve une *statue de saint Caloger* superbe réalisée par G. Gagini dans première moitié du XVIe siècle.

L'ensemble thermal de Sciacca comprend les **Nouvelles Thermes**, les **Stufe di San Calogero** et des hôtels équipés pour les cures thermales, parmi lesquels une récente structure dénommée **Sciaccamare**.

Sciacca, vue panoramique du port et de la petite ville; en haut, le Palais Steripinto (XVIe siècle).

SELINONTE

Le Parc Archéologique, créé récemment, englobe une vaste portion du territoire de Castelvetrano où, entre la colline de la Gaggera à l'ouest et la Colline Orientale à l'est, sont disséminées les ruines de l'ancienne ville de Sélinonte.

Le premier établissement remonte au VIIe siècle avant J.-C. près du fleuve *Selinos* (l'actuel Modione) qui donna son nom à la nouvelle colonie, fondée par des populations provenant de Mégara Hyblaia. Toujours en conflit avec les Elymes qui firent de Ségeste un des centres les plus significatifs, elle fut longtemps hostile même à Carthage. Celle-ci, venue au secours des habitants de Ségeste, assiégea Sélinonte (409 avant J.-C.), un siège qui se termina par la dévastation, le massacre de nombre de ses habitants, la captivité d'au moins 5000 habitants de Sélinonte et la destruction des temples. Le syracusain Hermocratès essaya de réorganiser l'ancienne ville qui, abandonnée par ses habitants qui préférèrent l'Acropole, vécut les obscures années de l'occupation punique jusqu'à la destruction de la part des survivants qui la rasèrent pour en empê-

cher la conquête romaine (241 avant J.-C.). Durant le haut Moyen Age, un séisme désastreux compléta l'œuvre dévastatrice et frappa encore les précieux témoignages architecturaux qui furent laissés à l'abandon.

Dans les années obscures du Moyen Age on perdit le souvenir même de l'ancienne ville grecque. A l'époque arabe elle fut connue comme *Casale degli Idoli* et ne fut redécouverte que dans la seconde moitié du XVIe siècle par Fasello. Les premiers travaux de fouilles commencèrent dans la première moitié du XIXe siècle et ce n'est que récemment que cette intéressante zone archéologique a été valorisée avec la création du Parc Archéologique et de l'Antiquarium.

L'*Acropole* présente des restes considérables des **murs extérieurs** refaits sous la domination carthaginoise et les restes de puissantes fortifications dues à Hermocratès. Dans la partie inférieure on trouve les ruines d'une **enceinte sacrée** et de **demeures** qui remontent à la période punique.

La caractéristique la plus curieuse des temples de Sélinonte est qu'ils sont désignés par des lettres de l'alphabet. On a dû recourir à cette solution car il n'a pas été possible de remonter aux divinités auxquelles ils étaient consacrés.

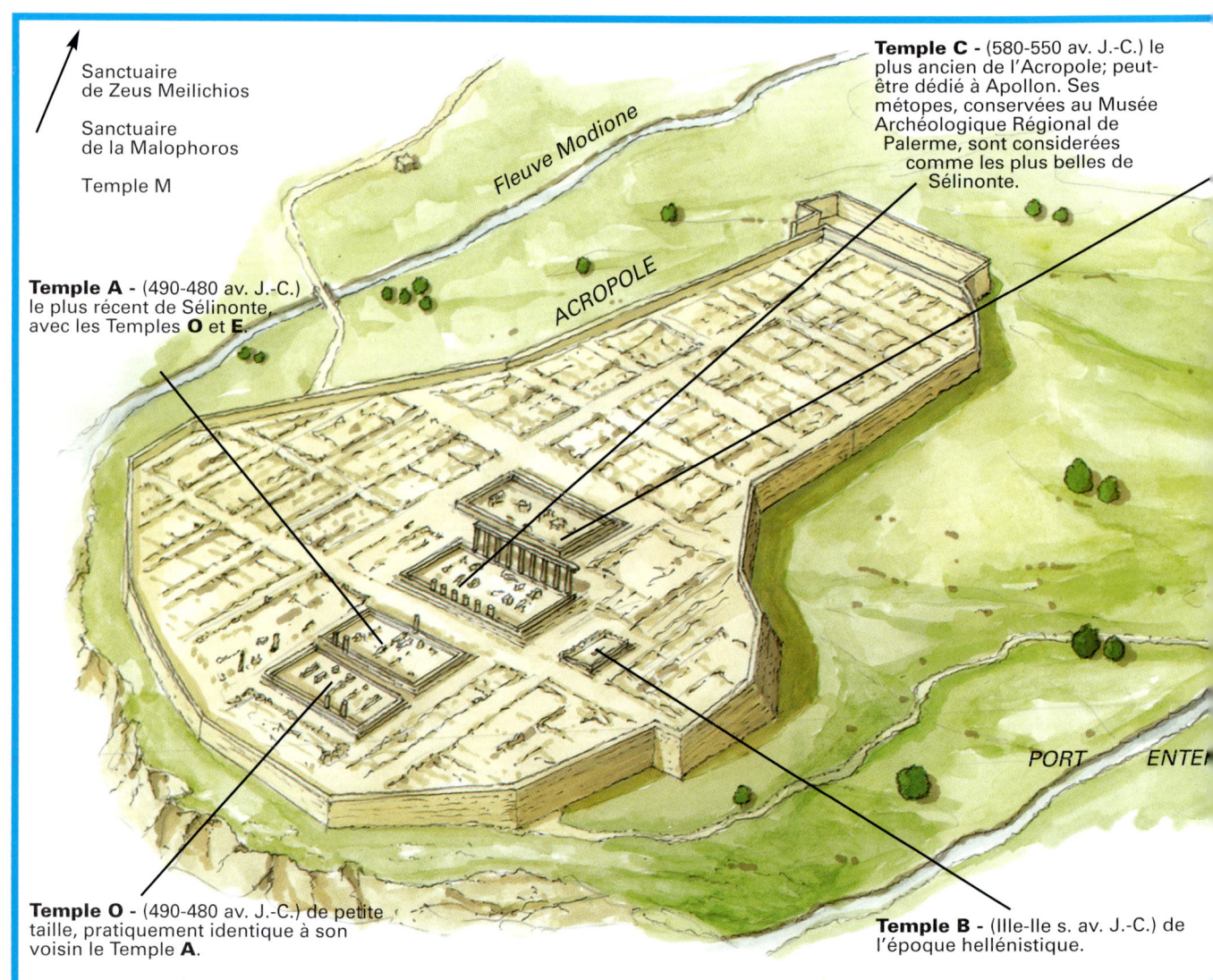

Sanctuaire de Zeus Meilichios

Sanctuaire de la Malophoros

Temple M

Temple A - (490-480 av. J.-C.) le plus récent de Sélinonte, avec les Temples **O** et **E**.

ACROPOLE

Fleuve Modione

Temple C - (580-550 av. J.-C.) le plus ancien de l'Acropole; peut-être dédié à Apollon. Ses métopes, conservées au Musée Archéologique Régional de Palerme, sont considérées comme les plus belles de Sélinonte.

Temple O - (490-480 av. J.-C.) de petite taille, pratiquement identique à son voisin le Temple **A**.

Temple B - (IIIe-IIe s. av. J.-C.) de l'époque hellénistique.

PORT   ENTE

Il reste peu du ***Temple O***; à l'origine un périptère dorique qui devait avoir six colonnes sur la façade et quatorze sur les côtés. Au nord de ce temple se trouvent les ruines d'un périptère dorique, semblable au précédent mais en meilleur état de conservation.

De ce temple, dénommé ***Temple A***, on a découvert l'autel. Les deux temples datent probablement de la première moitié du Ve siècle avant J.-C. Dans la zone on a retrouvé les ruines d'une construction périptère à arcades de la même époque qui devait servir d'entrée monumentale.

Au-delà de la route qui coupe transversalement l'Acropole se dressent les ruines du ***Temple B***, un petit édifice consacré, peut-être, au culte d'Asclépios. Il possède quatre colonnes en façade et date du IIIe, IIe siècle avant J.-C.; il dénote, dans ses superpositions de style dorique et ionique, une des caractéristiques architecturales typiques de cette époque.

Non loin de là se dressent les ruines colossales du ***Temple C***, le plus ancien et le plus grandiose des temples de Sélinonte.

Elevé dans la première moitié du VIe siècle avant J.-C., ce temple est un périptère à six colonnes frontales dont les colonnes et une partie des entablements ont été relevés à une époque relativement récente.

Le naos, en face duquel se dresse une série de quatre colonnes, portait sur le devant des métopes sculptées, véritables chefs-d'œuvre de la coroplastique de Sélinonte, dont une partie est visible au Musée Archéologique de Palerme, où sont gardés également d'autres décorations et objets en terre cuite provenant du même temple.

Dans les alentours se trouvent les vestiges du ***Temple D***, un périptère dorique à l'origine, avec six colonnes sur le devant et treize colonnes sur les côtés longs, postérieur à la moitié du VIe siècle avant J.-C.

La partie restante de l'Acropole, caractérisée par des ruines de ***demeures*** construites durant la période punique, de ***boutiques*** et de zones destinées au commerce, montre des traces de ***temples mineurs*** qui offrent des témoignages archéologiques significatifs tels que les *Métopes Salinas*, conservées au musée de Palerme.

A la limite supérieure de l'Acropole, au milieu des structures fortifiées d'époque carthaginoise, s'ouvre la ***Porte Septentrionale***. Sur la Colline Orientale, parfaitement alignés, se dressent les temples portant les lettres E, F, G.

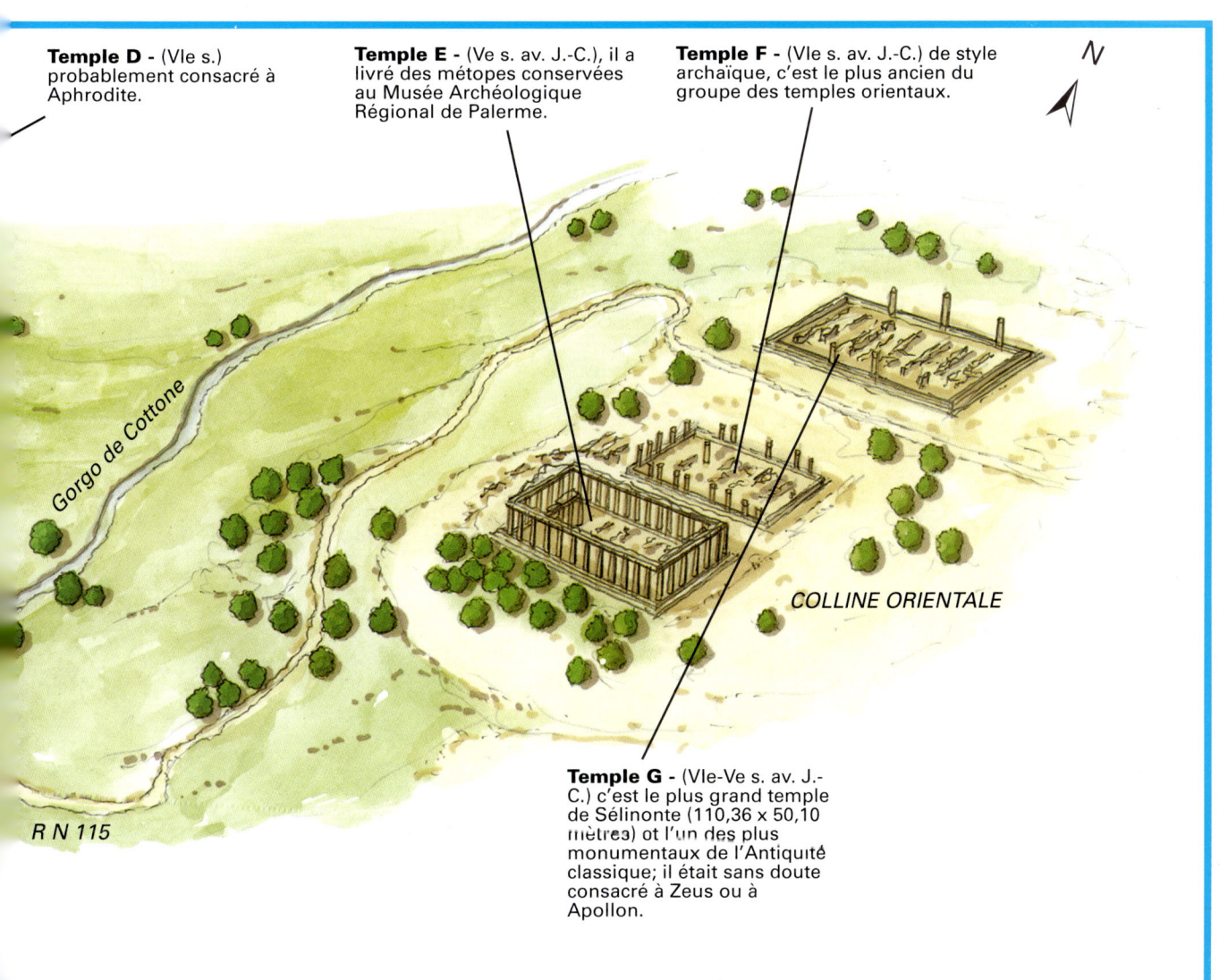

Temple D - (VIe s.) probablement consacré à Aphrodite.

Temple E - (Ve s. av. J.-C.), il a livré des métopes conservées au Musée Archéologique Régional de Palerme.

Temple F - (VIe s. av. J.-C.) de style archaïque, c'est le plus ancien du groupe des temples orientaux.

Gorgo de Cottone

COLLINE ORIENTALE

Temple G - (VIe-Ve s. av. J.-C.) c'est le plus grand temple de Sélinonte (110,36 x 50,10 mètres) et l'un des plus monumentaux de l'Antiquité classique; il était sans doute consacré à Zeus ou à Apollon.

R N 115

Une vue du profil du Temple C, le plus grand et le plus ancien de l'acropole, qui a conservé des colonnes monolithiques; ci-dessus, une vue de l'acropole vers le Temple E.

Vue des ruines du Temple D.

Le **Temple G**, le plus septentrional des trois, est certainement le plus monumental et le plus vaste. Sa construction fut commencée dans la seconde moitié du VIe siècle avant J.-C. mais il fut détruit par les Carthaginois avant d'avoir été achevé. Aujourd'hui, bien qu'il soit réduit à un amas colossal de ruines, le temple a permis de faire une reconstruction précise de son plan qui donne l'image d'un des témoignages les plus significatifs de l'architecture sacrée grecque. Le pseudo-périptère comptait, à l'origine, huit colonnes sur le devant et dix-sept sur les côtés longs. Le naos situé à l'intérieur, est caractérisé par une double colonnade, formée de dix colonnes de chaque côté, précédée d'un pronaos à quatre colonnes. Les hypothèses relatives au culte que l'on y pratiquait se limitent aux divinités d'Apollon et de Jupiter Olympien.

Quelques vues du Temple G, l'un des plus grands de toute l'Antiquité, sur la colline orientale de Sélinonte.

Pages suivantes, une belle vue du Temple E.

Le **Temple F**, le plus petit des trois, date du milieu du VIe siècle avant J.-C. Quand il fut construit, il comptait six colonnes sur les façades et quatorze sur les côtés longs. A l'intérieur se trouvait le naos avec sa partie plus interne et le pronaos. Des nombreuses décorations en terre cuite, qui l'ornaient autrefois, il reste seulement deux métopes à sujets mythologiques.

Dans le bas de la colline se dresse le **Temple E** qui, de nos jours, se présente comme le résultat d'une restauration réalisée à une époque très récente avec l'emploi, très discutable, de techniques modernes de construction. A l'origine, c'était un temple dorique périptère, caractérisé par six colonnes sur le devant et quinze le long des côtés longs. Il fut construit dans la première moitié du Ve siècle avant J.-C., probablement sur un édifice plus ancien. Le naos, ayant en face un pronaos, était orné de métopes avec des figurations mythologiques, dont quelques-unes se trouvent au Musée Archéologique de Palerme. Certaines interprétations font supposer que le temple était consacré au culte d'Héra.

Quelques vues du superbe Temple E.

Sur la "Colline de la Gaggera" se trouvent les ruines du ***Sanctuaire de la Malophoros***, un des plus nobles et vétustes sanctuaires de l'Antiquité sicilienne, dont la construction date du VIIe -VIe siècle avant J.-C. La curieuse dénomination se réfère au culte de Déméter "qui porte le grenadier" que l'on y pratiquait probablement. Les ruines se trouvent dans une enceinte qui délimite ce qui reste des différentes zones sacrées.
Au nord de ce sanctuaire se trouvent le ***Sanctuaire de Zeus Meilichios*** (ruines d'une enceinte carrée) et le ***Temple M***, construction rectangulaire du VIe siècle avant J.-C., identifiable, très probablement, avec une fontaine monumentale.

MARSALA

La petite ville, qui est la plus importante de la Province de Trapani du point de vue démographique, donne sur le Cap Boeo, connu aussi sous le nom de *Lilybée*, au point le plus occidental de la Sicile. L'économie locale se base surtout sur le secteur vinicole, très renommé (il s'agit de la zone de production de la liqueur du même nom), sur le commerce et sur beaucoup d'industries. L'endroit où se dresse la ville actuelle fut vraisemblablement un établissement sicane au début du IVe siècle avant J.-C., période pendant laquelle la carthaginoise Lilybée prenait la place de la voisine Mozia. Marsala fut ensuite romaine et devint une cité florissante au Moyen Age. Elle doit son toponyme à l'expression arabe *Marsa'Ali* (port d'Alì). Conquise par les Normands au XIIe siècle, elle passa ensuite à la maison aragonaise. A partir du XVIe siècle, Marsala déclina sensiblement à cause du comblement artificiel de son port qui devait servir à défendre la ville contre les incursions répétées des pirates. Marsala et ses activités commerciales retrouvèrent leur splendeur à partir du XVIIIe siècle quand les Anglais encouragèrent les activités et le commerce liés à la production du vin. Le légendaire débarquement des Mille volontaires de Garibaldi eut lieu le 11 mai 1860 à Marsala.

Le **Palazzo Comunale**, connu aussi comme *Loggia*, est une élégante construction du XVIIIe siècle dont la façade à deux ordres se distingue pour la colonnade de son étage supérieur et pour les arcades du rez-de-chaussée. Au centre de la façade se dresse une tour avec une horloge.

Deux mosaïques polychromes de l'Insula Romana.

L'église mère de style baroque.

Une vue d'en haut du centre historique.

La **Cathédrale** est un édifice du XVIIe - XVIIIe siècle dont la façade est inachevée. L'intérieur, à trois nefs, contient plusieurs œuvres de l'atelier des Gagini. A remarquer, dans la chapelle à gauche du presbytère, un retable en marbre attribué à Antonello Gagini. Dans le transept à droite, on peut voir une belle peinture de Riccio (fin du XVIe siècle).

Le **Musée National Lilybéen** se situe dans le *Baglio Anselmi*, autrefois établissement vinicole. Il réunit de précieuses pièces archéologiques préhistoriques, des mobiliers funéraires antiques, des pièces provenant de Mozia (à remarquer la *Sculpture virile* en marbre, original grec du Ve siècle avant J.-C.), des témoignages de la période romaine, des décors en mosaïques et des objets du Moyen Age.

La petite église **San Giovanni** est située à l'emplacement d'un baptistère paléochrétien, que l'on dit avoir été la demeure de la *Sibylle Lilybéenne*. Il est possible d'accéder à la grotte, située au-dessous, où se trouvent un puits et une décoration en mosaïque d'époque romaine.

L'**Insula Romana** est une zone de grand intérêt archéologique qui documente la période romaine avec de vastes salles du IIIe siècle avant J.-C. avec beaucoup de décors en mosaïque, les ruines d'une petite structure thermale. Des fouilles ont permis de dégager, ici et dans les environs, les restes d'établissements primitifs puniques et romains.

Au nord-est de Marsala, sur l'**Ile San Pantaleo**, dans le *Stagnone*, se dressent les ruines de **Mozia**. L'ancienne *Motye* fut, avec Palerme et Solunto, un des points fondamentaux de la colonisation phénicienne en Sicile (VIIIe siècle avant J.-C.).

MAZARA DEL VALLO

La petite ville donne sur le port-canal à l'embouchure du fleuve Mazaro. Centre maritime et de pêche florissant, Mazara del Vallo est l'un des ports de commerce et de pêche les plus actifs de la Sicile occidentale. Ancienne escale des Phéniciens, elle gravita longtemps dans l'orbite de Sélinonte avant l'arrivée des Carthaginois (Ve siècle avant J.-C.) et la colonisation romaine. A l'époque médiévale, sous le nom de *Selinontina*, elle devint un centre florissant sous les Arabes et les Normands.

La **Cathédrale** (XIe siècle) est le résultat des remaniements de la fin du XVIIe siècle. Sur la façade, flanquée d'un puissant beffroi, se trouve le portail portant une effigie équestre en relief de Roger (XVIe siècle). L'intérieur, divisé en trois, est riche en motifs sculpturaux. A voir, dans la partie absidale, la *Transfiguration* d'Antonino Gagini avec des décors et des stucs dus aux Ferraro. Dans le transept gauche un remarquable *Christ bafoué* de Marabitti et une sculpture représentant *Saint Vincent* par Antonello Gagini.

Derrière la Cathédrale, l'église **Santa Caterina** possède une statue de *Sainte Catherine* d'Antonello Gagini.

Sur la **place de la République**, embellie par les façades de constructions du XVIIIe siècle, se dresse *San Vito*, une statue baroque réalisée par I. Marabitti (seconde moitié du XVIIIe siècle).

San Nicolò Regale est un petit lieu de culte dont les origines remontent à la période normande (XIIe siècle). Son architecture particulière, à plan carré, est surmontée de crénelures.

*La place centrale (*Piazza della Repubblica*) de Mazara del Vallo.*

TRAPANI

*L*a ville s'avance en pointe vers la mer devant l'archipel des Egades. Ancien établissement sicane et élyme, les Grecs la nommèrent Drepanon à cause de son
aspect en forme de faux. Dans la première moitié du
IIIe siècle avant J.-C. la ville, tombée aux mains des puniques, subit une forte chute démographique. Longtemps objet de disputes pendant les guerres puniques,
elle fut conquise par les Romains après la bataille navale près des Egades (seconde moitié du IIIe siècle
avant J.-C.). Déjà importante sous les Arabes et sous les
Normands, elle devint particulièrement florissante sous
la maison aragonaise. Au XVIe siècle, la ville fut très
favorisée par Charles V. Aux siècles suivants Trapani développa ultérieurement le commerce maritime, la
pêche et les activités extractives de sel. Durant le Risorgimento elle devint l'interprète active du sentiment
populaire contre les Bourbons. Port de commerce, de
pêche et touristique important, Trapani a une activité
industrielle assez développée, liée au travail des produits agricoles, à l'extraction du sel et à la pêche. Parmi les activités artisanales, nous trouvons le travail des
coraux et de la nacre, les céramiques, les "fischiettini"
et le travail des marbres. Les lieux de rencontre des Tra-
panais et la promenade du soir se concentrent le long
de la Via Torrearsa, du Corso Vittorio Emanuele et du
Viale Regina Elena. La Place du Marché au Poisson
offre le spectacle quotidien de la vente des produits de
la mer et, tous les jeudis, le marché typique des marchands ambulants se déroule au Rione Palma. Intéressante du point de vue folklorique, la Procession des
Mystères se déroule chaque année le Vendredi et le Samedi Saints.

*Coucher de soleil avec un des nombreux moulins à vent
qui caractérisent le paysage des salines trapanaises.*

Sanctuaire de l'Annunciata

Le plus beau monument de la ville se situe en face des jardins de Villa Pepoli, presque à la limite orientale du centre habité. Sa construction date de la première moitié du XIVe siècle mais l'édifice, tel qu'il se présente aujourd'hui, est le fruit d'une restauration presque intégrale effectuée dans la seconde moitié du XVIIIe siècle. La **façade**, ornée d'une rosace et d'un portail gothique, est ce qui reste de l'édifice d'origine; elle est flanquée d'un clocher de style purement baroque avec un couronnement pyramidal. A noter, à gauche de l'édifice, la gracieuse partie absidale de la *Chapelle des Marins*. L'**intérieur**, à une nef, présente des caractéristiques ornementales de style baroque et rococo. La **Chapelle de la Vierge**, située derrière le maître-autel est, du point de vue artistique, l'élément le plus significatif de l'ensemble. Une grille en bronze du XVIe siècle délimite l'arc en marbre de la même époque, fastueusement sculpté par la famille Gagini. Le sacellum, splendidement ravivé par les marbres polychromes et couvert d'une voûte de type arabe, conserve l'image vénérée de la "Vierge de Trapani". On pense que la sculpture très précieuse qui représente la *Vierge à l'Enfant* est une œuvre du XIVe siècle de Nino Pisano et de ses élèves. Dans une chapelle contiguë, enrichie de marqueteries multicolores en marbre, se trouve le simulacre en argent de saint Albert, patron de la ville. Dans la partie presbytérale de gauche, se trouve la **Chapelle des Marins** (XVIe siècle) dont l'abside est ornée magnifiquement. Le long du côté droit se trouve la **Chapelle des Pêcheurs** en style gothique finissant du XVe siècle, décorée de fresques au cours du siècle suivant.

Page ci-contre, en haut: bateaux de pêche mouillés près d'un ancien bastion du port.

Cette page: le Sanctuaire de l'Annunciata et une vue de la côte de Trapani où des salines sont encore en activité.

Moulin à vent dans la lagune du Stagnone où certaines des nombreuses salines sont encore en activité.

Le profil de l'île de Mozia.

ILE DE MOZIA

Cette île, qui se détache sur la mer avec ses pins et sa végétation méditerranéenne, fut colonisée au VIIIe siècle avant J.-C. par les Phéniciens qui en firent une escale commerciale sur leurs routes de la Méditerranée occidentale et de la péninsule ibérique. En effet, Mozia est située au sud de Trapani dans la lagune du Stagnone - où se trouvent aujourd'hui de nombreuses salines - qui est fermée à l'ouest par une autre île, l'Isola Grande, et à l'est par la terre ferme. Un excellent emplacement pour un port bien protégé et un abri sûr contre les agressions par la mer. Les Carthaginois en firent ensuite une tête de pont pour conquérir la Sicile qui était alors sous la domination des colonies grecques: une guerre qui se soldera par la destruction de Mozia en 397 avant J.-C.

Les fouilles archéologiques, entreprises systématiquement au début du XXe siècle par l'anglais Joseph Whitaker, ont permis de dégager les restes d'une enceinte fortifiée dont les portes nord et sud sont parvenues jusqu'à nous en bon état. La porte nord débouchait sur un isthme pavé qui reliait Mozia à la côte sicilienne et qui, il y a quelques années encore, était emprunté par les charrettes qui transportaient les raisins de l'île: une richesse pour Mozia après que les Anglais aient développé l'industrie œnologique à Marsala au XVIIIe siècle. Parmi les découvertes les plus intéressantes, signalons celle de l'aire sacrée du "Tofet" avec son sanctuaire à ciel ouvert et le "Cothon", une petite baie creusée dans la roche dont les côtés et le fond sont dallés: il s'agit probablement d'un bassin de radoub. Les pièces archéologiques majeures sont conservées au **Musée Archéologique** créé par J. Whitaker: parmi les œuvres exposées, une superbe statue virile, le *Jeune homme de Mozia*, original grec du Ve siècle avant J.-C.

Musée Whitaker, masque votif phénicien probablement censé protéger contre le malheur.

ILES EGADES

Ce groupe d'îles donnant sur la côte de Trapani a des origines et des affinités géologiques avec la Sicile, même si leurs caractéristiques climatiques et environnementales rappellent l'Afrique. L'archipel, qui s'est récemment enrichi d'une infrastructure touristique de premier ordre dotée d'un complexe hôtelier et de résidences, se compose des îles de Favignana, Levanzo et Marettimo et des rochers de **Formica** et **Maraone**.

Appelées *Aegates* dans l'Antiquité classique, elle furent durant les guerres puniques le théâtre de la célèbre bataille qui marqua la suprématie de la flotte romaine sur les Carthaginois (243 avant J.-C.).

Favignana, la plus grande des îles Egades, est située dans la partie inférieure de l'archipel. L'ancienne *Aegusa* des Romains a fourni des documentations archéologiques intéressantes, de la Préhistoire jusqu'à l'époque punique. Le centre homonyme, flanqué par le Mont Santa Caterina, point culminant de l'île (314 m.), donne sur la côte septentrionale.

Levanzo surgit des eaux au nord de Favignana, devant Trapani; il s'agit de l'île la plus proche de la côte sicilienne. Le point le plus élevé se trouve au Pizzo del Monaco (278 m.) tandis que Levanzo, où se trouve le débarcadère, donne sur la côte méridionale. L'île, appelée *Phorbantia* par les Romains, est connue pour les témoignages significatifs qui remontent au Paléolithique et au Néolithique.

Marettimo est l'île la plus excentrée de l'archipel et la plus élevée: elle atteint, en effet, 884 m. au Pizzo Falcone. Déjà connue dans l'Antiquité sous le nom d'*Hiera,* elle fut pendant longtemps possession des Arabes.

Favignana, la plus grande des îles Egades, et la côte de Levanzo.

ERICE

Ville de grand intérêt touristique, Erice se situe au sommet du mont du même nom dans un endroit spectaculaire, aussi bien du point de vue du panorama que de l'environnement et du paysage. Dans cette zone, la présence d'établissements élymes est documentée à partir du Ve siècle avant J.-C.. Pour son importance stratégique particulière, Erice fut au centre de grandes disputes depuis les temps les plus anciens; en particulier, entre les Hellènes et les Carthaginois qui la conquirent ainsi que l'escale portuaire de *Drepanon*. Détruite par les Puniques dans la première moitié du IIIe siècle avant J.-C., quand les habitants furent transférés à Trapani, la ville fut disputée par les Romains à qui elle appartint à partir de l'année 241 avant J.-C.

A l'époque romaine la localité fut très fréquentée grâce à la présence du célèbre sanctuaire de Vénus Erycine. Au Moyen Age elle devint une possession arabe et normande et fut célèbre sous le nom de *Monte San Giuliano*.

La notoriété actuelle du lieu est liée au *Centre International de Culture Scientifique E. Majorana,* fondé dans les années Soixante. Parmi les manifestations les plus caractéristiques, nous rappellerons la *Procession des Mystères* qui a lieu le Vendredi Saint. Les céramiques, le *frazzate* (tapis) et les sacs sont les produits artisanaux les plus caractéristiques.

L'**Eglise Mère**, qui remonte au XIVe siècle, est jouxtée d'une puissante tour crénelée allégée de fenêtres jumelées. La façade, ornée au centre d'une belle rosace, est précédée d'un prothyron de style gothique à arc en ogive, ajouté au cours du XVe siècle, sous lequel se trouve le magnifique portail gothique. L'intérieur, à trois nefs, est le résultat d'une restauration néogothique effectuée au XIXe siècle Dans la nef de droite, au troisième autel, se trouve une *Vierge*, probablement de Francesco Laurana (XVe siècle). Dans la nef de gauche on peut voir des chapelles du XVe- XVIe siècle. Le retable en marbre du XVIe siècle qui se trouve dans la partie presbytérale est de G. Mancino.

L'église **San Giovanni Battista** est un édifice de la période gothique-normande qui a conservé son portail

d'origine (XIIIe siècle). Très remaniée au cours du XVIIe siècle, elle garde des sculptures remarquables parmi lesquelles un *Saint Jean Evangéliste* d'Antonello Gagini et une figuration d'un *Saint Jean-Baptiste* d'Antonio Gagini. Les **murs d'enceinte** datent de différentes époques; il ne reste presque rien des murs mégalithiques du VIe siècle avant J.-C., ils résultent pour la plupart de remaniements effectués aux époques romaine et normande.

A l'intérieur du **Château de Vénus**, construction normande du XIIe et du XIIIe siècle, qui fut construit à l'emplacement de l'ancienne acropole d'Erice, on a découvert quelques restes du **Sanctuaire de Vénus Erycine**. Du sommet de la forteresse on découvre un panorama splendide et étendu qui va du Cap San Vito jusqu'à Trapani avec, au fond, les Egades, les salines et la côte lilybéenne vers Marsala et la Valderice. Par très beau temps, on peut apercevoir les côtes tunisiennes. Tout près d'ici le **Château Pepoli** est entouré du magnifique **Jardin du Balio**. Le **Musée civique A. Cordici** se situe à l'intérieur du Palazzo Municipale. Ses collections concernent des documentations archéologiques allant de la Préhistoire à l'époque romaine (très intéressante la *Tête d'Aphrodite* du Ve-IVe siècle avant J.-C.) et les peintures du XVIIe siècle jusqu'au XIXe siècle. A voir aussi une collection numismatique et une *Annonciation* en marbre, attribuée à Antonello Gagini (première moitié du XVIe siècle).

Une belle lunette en fer forgé d'un palais d'Erice.

Le Château du Balio, ou Pepoli, et, dans le fond, le Château de Vénus, érigé à l'emplacement du Temple de Vénus Erycine, d'où l'on découvre un superbe panorama.

A gauche, l'Eglise Mère avec son puissant clocher crénelé.

Quelques aspects de la ville d'Erice avec ses petites églises, ses remparts et un détail du pavage de ses anciennes ruelles.

SEGESTE

Ville fondée par les Elymes, en perpétuel conflit avec Sélinonte, et appelée *Egesta* par les Helléniques, elle fut l'alliée des Carthaginois puis assiégée par les Syracusains qui l'occupèrent vers la fin du IVe siècle avant J.-C. Après nombre de vicissitudes, Ségeste finit par se rendre à Rome (dans la première moitié du IIIe siècle avant J.-C.).

La vieille ville était située sur les pentes étagées du Mont Barbaro et il semble qu'elle ait été abandonnée progressivement après la conquête romaine puis détruite par les Vandales.

Le **Temple**, témoin parmi les plus significatifs de l'architecture dorique, date de la seconde moitié du Ve siècle avant J.-C. et se dresse en dehors de la zone urbaine, sur la pente des flancs occidentaux du Mont Barbaro. L'un des mieux conservé d'Italie, ce péristyle dorique, inachevé, présente une puissante série de colonnes archaïques posées sur un soubassement à trois gradins soutenant la puissante structure architravée, avec deux tympans sur les frontons.

Le **Théâtre** se situe dans un lieu très panoramique et évocateur. Il s'appuie en partie à la colline et date du IVe-IIIe siècle avant J.-C. Il se présente avec une cavea disposée en 20 rangées de gradins divisés en 7 secteurs. Il ne reste presque plus rien de la scène dont les murs étaient embellis de représentations du dieu Pan.

A **Contrada Mango** on a découvert les restes considérables d'un **Sanctuaire** élyme du VIe-Ve siècle avant J.-C. qui ont livré du matériel archéologique (céramiques, inscriptions et graffiti) difficile à déchiffrer et à interpréter.

Le temple solitaire de Ségeste se dresse dans le cadre verdoyant de la végétation méditerranéenne.

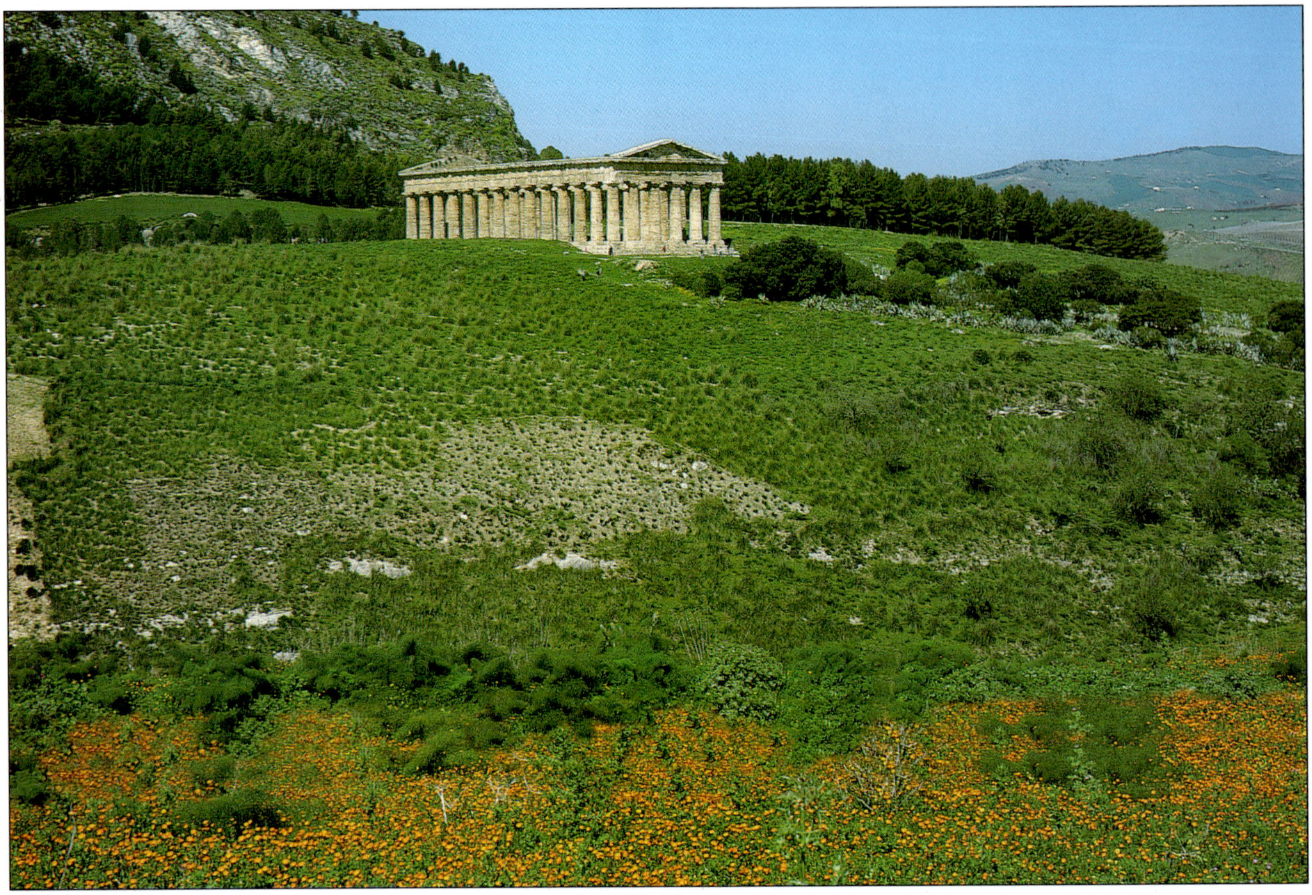

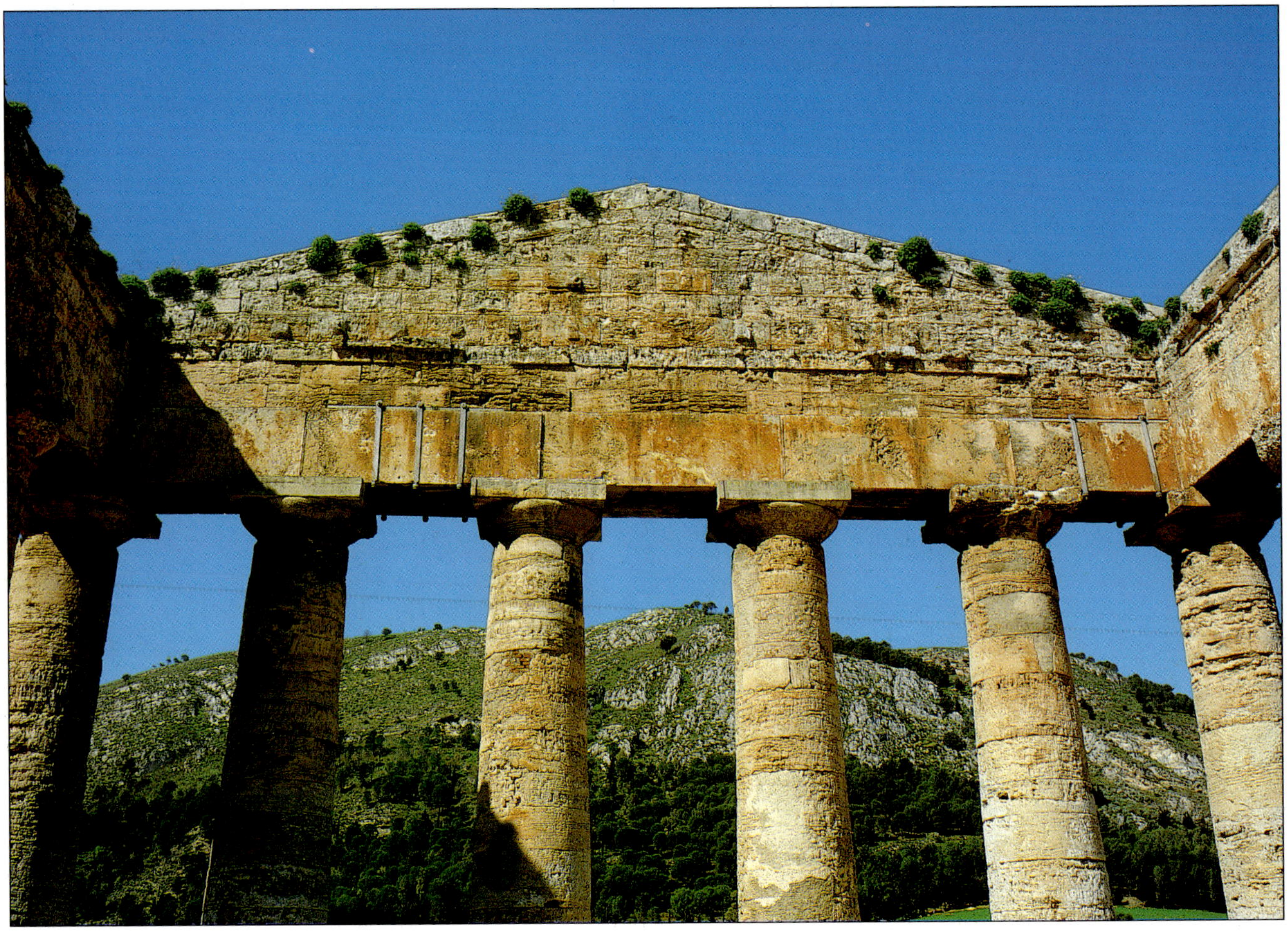

Ségeste, ici et pages suivantes: vues du majestueux temple dorique datant du Ve siècle avant J.-C.

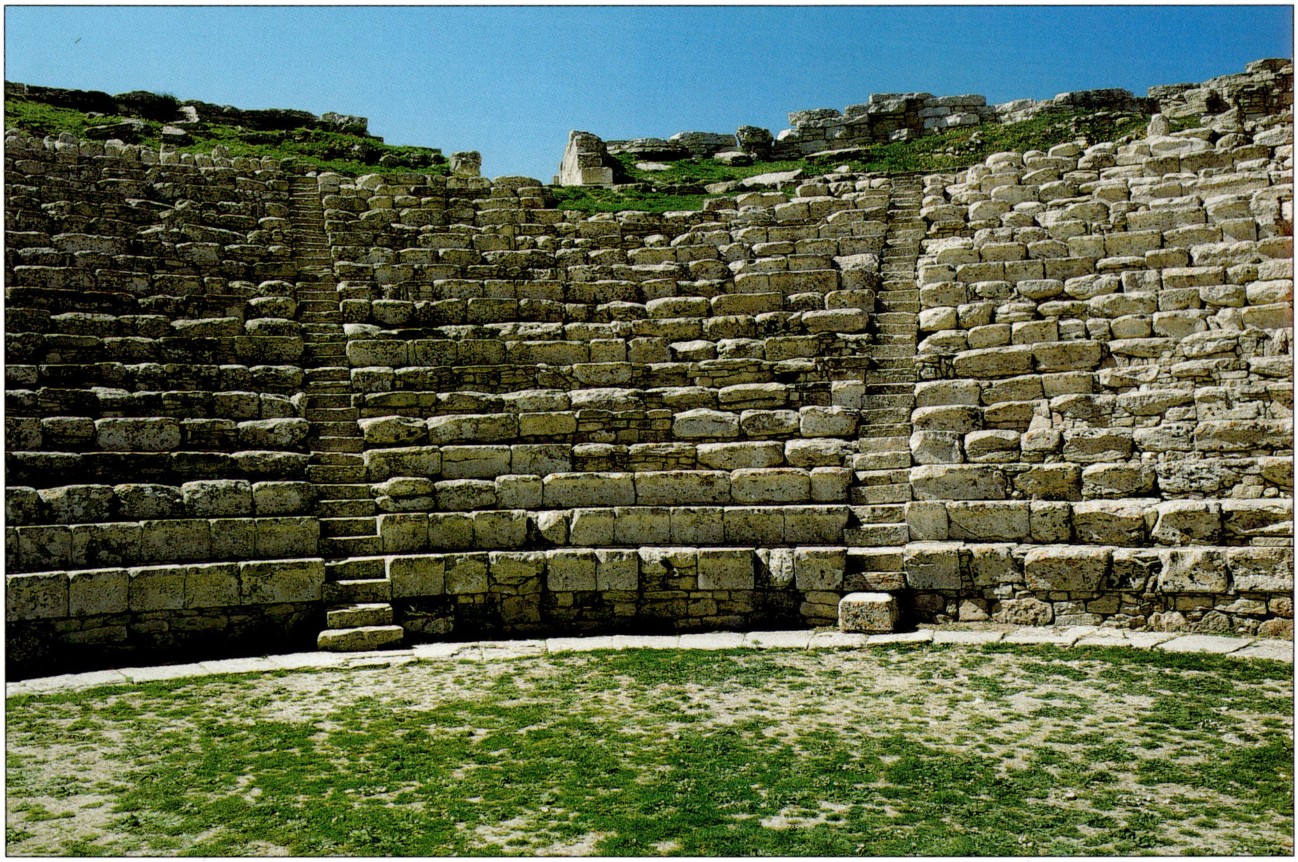

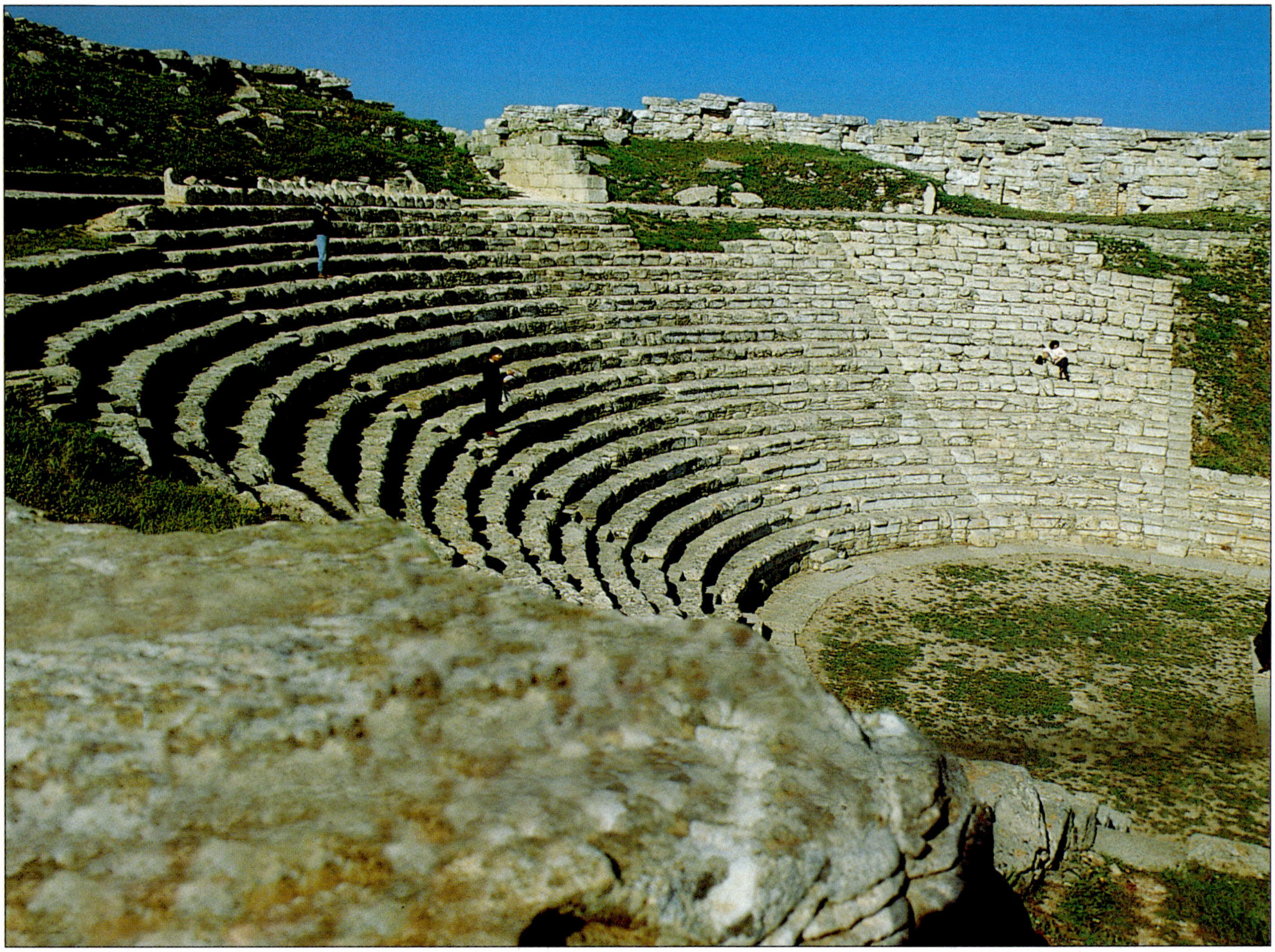

Ségeste, ici et pages suivantes: quelques vues du théâtre qui remonte au IV-IIIe siècle av. J.-C.

CASTELLAMMARE DEL GOLFO

Belle station balnéaire au milieu du golfe du même nom, elle offre des vues panoramiques caractéristiques. Dans l'Antiquité elle fut probablement le débouché sur la mer de Ségeste. A l'époque médiévale elle faisait partie des possessions d'Alcamo et fut appelée *Port d'Alcamo*.

Le **Château**, dont les origines remontent au XIVe siècle, fut très lourdement remanié par la suite.

Près d'Alcamo, au lieu-dit **Thermes Ségestanes**, jaillit une source hyperthermale salso-sulfureuse qui est utilisée pour les bains de boue et les bains de vapeur, particulièrement indiqués pour les arthropathies, les arthrites et les névrites, les rhumatismes, les affections cutanées, les pathologies de la nutrition et de l'appareil respiratoire.

A l'ouest de Castellammare, le long de la pittoresque côte de **Scopello**, surgissent de la mer les suggestives silhouettes des rochers dits **Faraglioni** qui confèrent au paysage un intérêt exceptionnel.

CALATAFIMI

Ce gros centre rural de la vallée supérieure de Mazaro, déjà fondé avant la conquête romaine, se développa à l'époque arabe autour d'un fortin, d'où son nom. Possession féodale durant le Moyen Age, elle devint importante durant la campagne de Garibaldi en Sicile, lors d'une grande bataille (15-5-1860) décisive pour la prise de Palerme. A voir, les ruines du **Château** (XIIIe siècle) et des églises baroques. Dans les environs, un **Monumento Ossario** (Monument Ossuaire) rappelle la bataille entre les troupes de Garibaldi et les Bourbons.

La plage de la petite ville pittoresque de Castellamare.

Monument-Ossuaire de la bataille de Calatafimi où les troupes de Garibaldi battirent l'armée bourbonnienne.

ALCAMO

La localité, renommée pour être la ville natale du poè-te du XIIIe siècle Ciullo (ou Ciel) d'Alcamo, s'étend, dans une position magnifique, sur les pentes du Mont Bonifato et donne sur le superbe Golfe de Castellam-mare. La petite ville doit son toponyme au personnage arabe du nom d'Alqamah qui la fonda au IXe siècle. A l'époque souabe (XIIIe siècle) un nouveau centre fut fondé, plus bas, au pied du Mont Bonifato. A partir du siècle suivant elle fut dominée par les Aragonais puis inféodée aux différentes maisons nobiliaires.

L'**Eglise Mère**, consacrée à l'Assomption, fut réalisée au XVIIe siècle à un endroit où, autrefois, se dressait un lieu de culte du XIVe siècle dont on peut encore voir le portail et l'élégant clocher. L'intérieur, à trois nefs, est décoré de fresques de G. Borremans dans la partie ab-sidale et dans la coupole, et d'œuvres d'Antonello Ga-gini tels que le *Passage de la Vierge* (nef de gauche) et le *Crucifix* (nef de droite). Les autres œuvres appartien-nent à son école. L'église **San Francesco**, du XVIIe siècle, garde un retable en marbre, probablement de Domenico Gagini, et deux sculptures qui reproduisent *Marie Madeleine* et *Saint Marc* attribuées à Antonello Gagini. La **Badia Nuova**, connue comme *San Frances-co di Paola*, abrite un tableau de P. Novelli et des figu-rations allégoriques de G. Serpotta. L'église **San Salva-tore** *(Badia Grande)* possède d'autres toiles de Novelli et des sculptures d'Antonio Gagini. L'église **Santa Oli-va** (XVIIIe siècle) abrite une peinture de Novelli (maître-autel) et des œuvres de la famille Gagini parmi lesquelles une *Sainte Olive* attribuée à Antonello. L'église **Santi Paolo e Bartolomeo**, de style typique-ment baroque, garde une magnifique *Vierge du Miel* d'un artiste inconnu du XIVe siècle. Le **Château** (XIVe siècle), à plan carré et tours massives aux coins, re-monte à la période aragonaise.

MONDELLO

Agréable station balnéaire et centre résidentiel très pit-toresque, **Mondello** donne sur la rade qui s'étend entre Punta Valdesi et le port de pêche. L'agglomération est pratiquement reliée au chef-lieu par des rues recti-lignes, soit par le beau Parc de la Favorita, soit en lon-geant la côte qui se trouve en-dessous du Monte Pelle-grino, en passant par **Vergine Maria** (le monumental *Ci-metière des Rótoli* se trouve, à droite, sur la pente qui descend du mont) et **Arenella**. Dans la partie la plus an-cienne de l'agglomération, le port, qui est caractérisée par des barques de pêcheurs aux mille couleurs, on trouve deux **Tours** de guet réalisées au XVe siècle com-me partie intégrante du déploiement défensif côtier. Au milieu de la baie s'avance vers la mer la silhouette re-connaissable de l'**Etablissement balnéaire** construit en 1912. A l'est de **Valdesi**, en amont de la route côtière, à la base du Monte Pellegrino, s'ouvrent les **Grottes de l'Addaura** qui ont livré des témoignages significatifs de la présence humaine sur place à partir de l'âge préhis-torique et dont les trouvailles archéologiques peuvent être admirées au Musée Archéologique de Palerme.

L'église du Collège datant du XVIIe siècle.

La baie pittoresque vue du Monte Pellegrino.

LES THERMES

D'après les œuvres d'auteurs classiques grecs comme Strabon et Diodore de Sicile et d'après les nombreux témoignages archéologiques tels que les ruines romaines des Thermes Xiphonies (Acireale), les vestiges préhistoriques près de Termini Imerese et Sciacca et les ruines romaines des Thermes Vigliatore, la réalité thermale sicilienne, qui plonge ses racines dans la nuit des temps, saute immédiatement aux yeux.

En Sicile les stations thermales et l'exploitation des eaux à des fins thérapeutiques est une tradition plusieurs fois centenaire. Les **Thermes Régionales d'Acireale** *utilisent les eaux de Santa Venera indiquées pour les arthropathies, les dermatites, les affections gynécologiques et les pathologies de l'appareil respiratoire. Les* **Thermes de Granata-Cassibile** *(Alìterme) proposent une thérapie indiquée pour les maladies infantiles, les dermatites, les arthropathies, et les manifestations pathologiques de l'appareil respiratoire. Des indications analogues sont offertes par l'établissement thermal de* **Germani Marino** *(Alìterme). Aux* **Thermes Gorga** *(Calatafimi) on soigne la sciatalgie, les rhumatismes, les maladies cutanées et celles de l'appareil respiratoire. Les* **Thermes Segestane** *(Castellammare del Golfo) sont indiquées pour les pathologies de la nutrition, les arthrites en général, les dermatites et les maladies de l'appareil respiratoire. Les* **Thermes de San Calogero** *(Sibari) sont indiquées pour l'arthrose, les arthropathies, les pathologies de la nutrition et l'obésité. Les* **Thermes Régionales de Sciacca** *présentent une très large gamme d'indications thérapeutiques qui synthétise substantiellement celles que nous venons de citer. Les* **Bagni di Sciapani** *(Palerme) ont des effets positifs sur les séquelles traumatiques, les polyarthrites, les arthroses, les pathologies du derme et de l'appareil cutané. L'*
Etablissement Thermal Fonte di Venere *(Thermes Vigliatore) est indiqué pour les pathologies hépatiques, celles de l'appareil digestif et du colon, les pathologies allergiques de l'appareil respiratoire, les maladies de la nutrition, les dermatites et les arthropathies. Les* **Thermes de Termini Imerese** *sont indiquées pour les maladies infantiles, les inflammations de l'appareil respiratoire, les maladies de la nutrition et les arthropathies en général. Les* **Thermes de Vulcano** *ont un effet positif dans le traitement des troubles de la circulation, contre les rhumatismes, les arthropathies et les affections d'origine traumatique.*

ZONES PROTEGEES

Sous le profil de la sauvegarde de l'environnement, la Sicile a partagé rapidement les décisions prises par les autres régions italiennes, en s'alignant ainsi sur ce qui paraît être une conception internationale dont le but est la protection et la sauvegarde du patrimoine naturel, de la flore et de la faune.
*Le **Parc Naturel de l'Etna**, le **Parc des Nébrodes** et le **Parc des Madonies** ont été récemment créés La Région Sicilienne a également décrété une loi établissant la création de nombre de zones protégées pour la sauvegarde du patrimoine naturel, du paysage et de l'environnement. Nous citerons, parmi ces zones, les plus importantes et les plus significatives: la **Réserve Naturelle des Pantani de Vendicari**, la **Réserve Régionale de l'île de Marettimo**, la **Réserve Naturelle du Zingaro**, le **Parc Piano Zucchi**, le **Jardin Botanique** et les Parcs de la **Favorita** et de **Castelnuovo** à Palerme.*

Ci-dessous, quelques plantes cultivées caractéristiques de la Sicile: le citronnier, l'oranger et l'artichaut typique des zones sèches de l'intérieur des terres, en fleur ici. En bas, à droite, une petite orchidée sauvage qui pousse spontanément en Sicile.

Ci-dessus: très rare, Elaphe Situla, est une serpent qui, en Europe, ne vit qu'en Sicile, à Malte et dans les Balkans; une tortue marine déposant ses œufs (île de Lampedusa).

Page précédente, quelques plantes spontanées de Sicile: le laurier rose, typique des torrents asséchés; le centranthus rouge, dont les colonies égayent les coulées de lave sur l'Etna; le ricin, plante originaire d'Afrique, aux fruits hérissés, typique de l'intérieur de l'île.

I N D E X